本报告整理
由中国社会科学院哲学社会科学创新工程
（2016-2018KGYJ055）资助

本报告出版
得到国家重点文物保护专项补助经费的资助

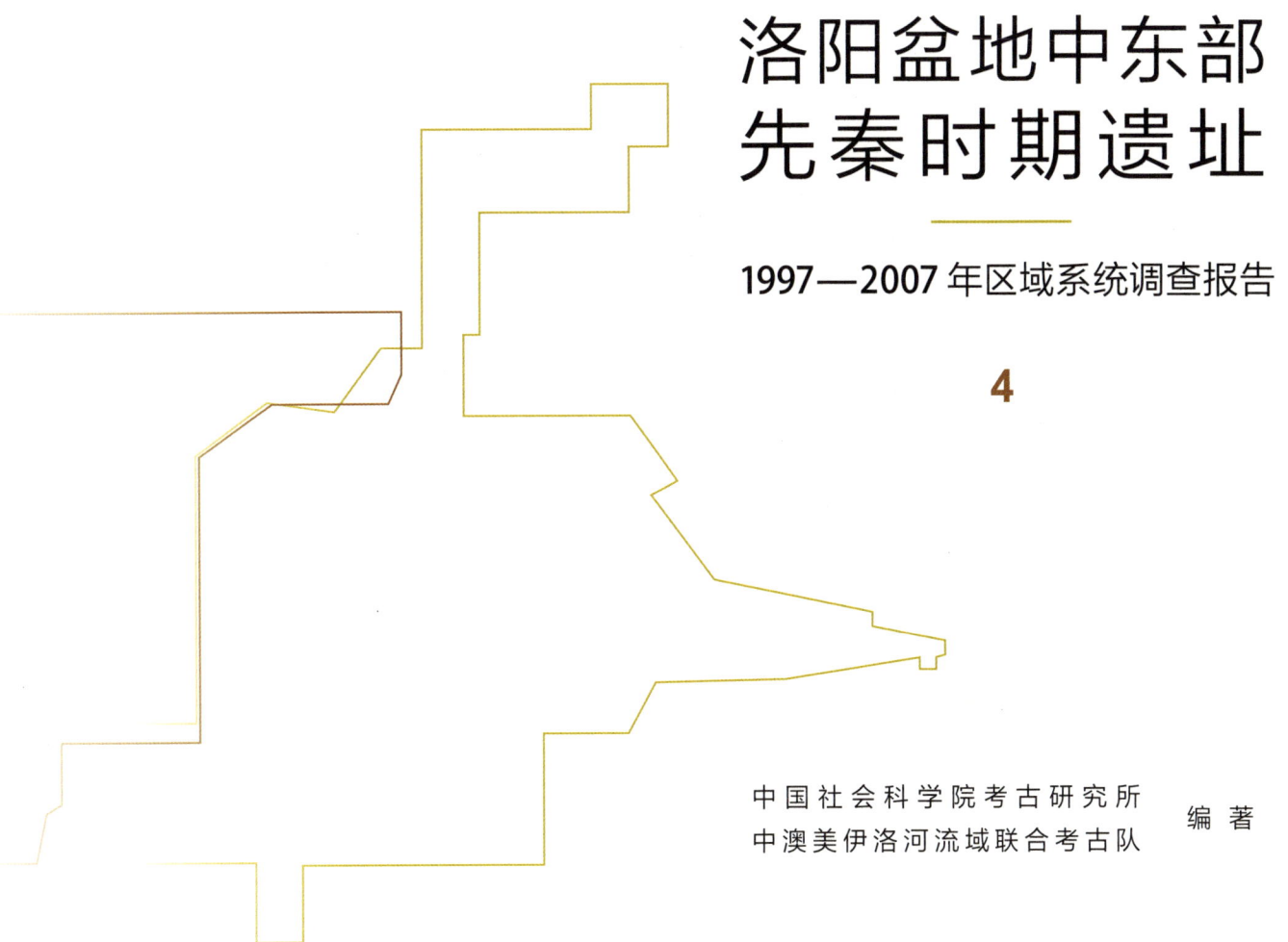

# 洛阳盆地中东部先秦时期遗址

1997—2007年区域系统调查报告

4

中国社会科学院考古研究所
中澳美伊洛河流域联合考古队 编著

科学出版社
北京

## 内 容 简 介

1997—2007年，中国社会科学院考古研究所与澳大利亚、美国等国家的大学和研究机构合作，对中国古代文明产生和发展的腹心地区——洛阳盆地中东部近1120平方千米的区域，开展了区域系统调查。期间共发现遗址（或地点）456处，采集到大量先秦时期的遗物。调查结果表明：这些遗址涵盖了先秦时期的各个阶段，显示了该区域约从公元前6000年左右至公元前200年左右近6000年的社会发展图景，展示了早期中国文明核心区从零星分布的聚落到王朝统治中心的社会发展轨迹。

本书适合于考古学、历史学的相关研究者及大专院校相关专业师生参考、阅读。

### 图书在版编目(CIP)数据

洛阳盆地中东部先秦时期遗址：1997—2007年区域系统调查报告：全4册 / 中国社会科学院考古研究所，中澳美伊洛河流域联合考古队编著. —北京：科学出版社，2019.9

ISBN 978-7-03-062470-3

Ⅰ.①洛… Ⅱ.①中… ②中… Ⅲ.①文化遗址–调查报告–洛阳–先秦时代 Ⅳ.①K878.05

中国版本图书馆CIP数据核字（2019）第212272号

责任编辑：张亚娜 / 责任校对：邹慧卿

责任印制：肖　兴 / 封面设计：美光制版

科学出版社 出版

北京东黄城根北街16号

邮政编码：100717

http://www.sciencep.com

中国科学院印刷厂 印刷

科学出版社发行　各地新华书店经销

\*

2019年9月第 一 版　开本：889×1194 1/16

2019年9月第一次印刷　印张：136 3/4　插页：8

字数：3900 000

定价：1800.00元（全4册）

（如有印装质量问题，我社负责调换）

# Pre-Qin Period Sites in the East and Central Luoyang Basin:
## The Systematic Regional Archaeological Survey Report (1997-2007)

# IV

**Institute of Archaeology, Chinese Academy of Social Sciences**
**Sino-Australian-American Collaborative Archaeological Team of the Yiluo River Valley**

Science Press
Beijing

图版一

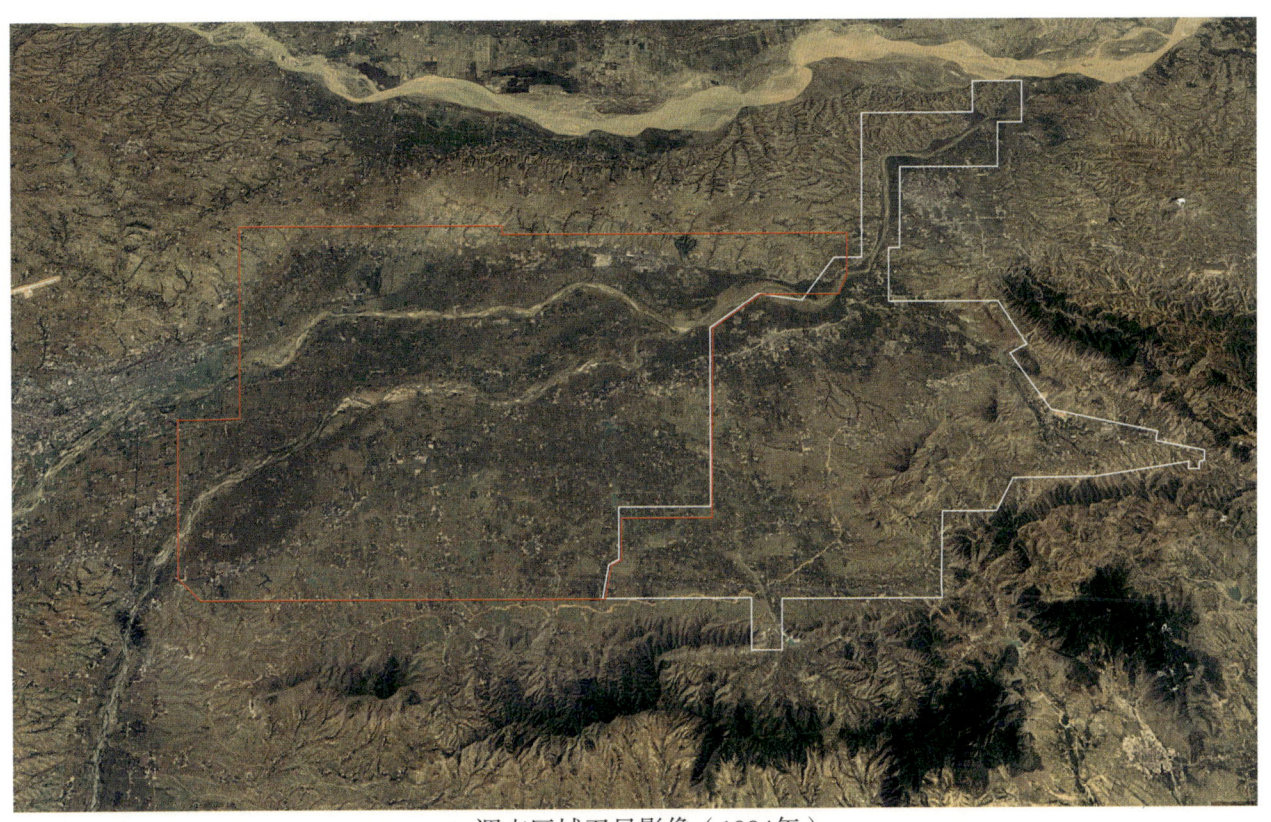

1. 调查区域卫星影像（1984年）

2. 调查区域卫星影像（2016年）

（红线和白线范围分别为中国社会科学院考古研究所河南二里头工作队和中澳美伊洛河流域联合考古队调查范围）

调查区域卫星影像

图版二

1. 中澳美联合考古队初次调查（1997年12月，宋陵）
从左至右依次为：刘莉、廖永民、李润权、司治平、陈星灿、刘洪淼

2. 中澳美联合考古队第2次调查（1998年12月，南石村高地）
从左至右依次为：李润权、艾莉丝（Alex Capla）、马萧林

工作照

图版三

1. 中澳美联合考古队第2次调查（1998年，费窑西南，Y011）
从左至右依次为：史芭碧（Barbara Smith）、艾莉丝、杜万鼎（Joshua Weldon）、刘莉、李润权、
华翰维（Henry T. Wright）、魏鸣、王保仁

2. 中澳美联合考古队第3次调查（2000年初，巩义宾馆，调查队与国家地理学会旗帜）
从左至右依次为：魏鸣、郎汝哥、马萧林、王法成、刘莉、华翰维

工作照

图版四

1. 中澳美联合考古队第3次调查（2000年初）
从左至右依次为：王法成、李润权、李玲、郎汝哥、席彦召、陈星灿

2. 中澳美联合考古队第3次调查（2000年初，坞罗河谷）
从左至右依次为：艾琳（Arlene Rosen）、熊尚发、李润权

工作照

图版五

1. 中澳美联合考古队第3次调查（2000年初，坞罗河谷）
图中为熊尚发在勘察剖面

2. 中澳美联合考古队第3次调查（2000年初，坞罗河谷）
图中为熊尚发在记录河床中堆积物

工作照

图版六

1. 中澳美联合考古队第3次调查（2000年初）
艾琳在进行河流沉积地质调查

2. 中澳美联合考古队第5次调查（2000年冬，康北古城，Y157）
从左至右依次为：陈星灿、王法成、魏鸣、王宏章、刘莉、Kim Watson、Geoffrey Hewitt、Anne Ford

工作照

图版七

1. 中澳美联合考古队第5次调查（2000年底，灰嘴遗址，Y127）
从左至右依次为：Kim Watson、Geoffrey Hewitt、Anne Ford

2. 二里头工作队第1次调查（2001年春，西石桥东，076）
从左至右依次为：徐安民、杨宝生、陈国梁、王宏章、王丛苗、许宏、王法成

工作照

图版八

1. 中澳美联合考古队第6次调查（2001年夏，巩义宾馆）

2. 中澳美联合考古队第6次调查（2001年夏）
从左至右依次为：廖永民、陈星灿、王宏章

工作照

图版九

1. 中澳美联合考古队第6次调查（2001年夏）
从左至右依次为：王宏章、华翰维、张震

2. 中澳美联合考古队第4次或第6次调查（2000或2001年夏，廖永民先生）

工作照

图版一〇

1. 中澳美联合考古队第6次调查（2001年夏，河南二队驻地，清洗陶片）

2. 二里头工作队第5次调查（2002年，唐恭陵）
从左至右依次为：王丛苗、杨宝生、赵海涛、郭朝杰、郭朝鹏、郭淑嫩

工作照

图版一一

1. 二里头工作队第5次调查（2002年春，陈河东南）
从左至右依次为：杨宝生、郭朝鹏、郭淑嫩、郭朝杰、王宏章

2. 中澳美联合考古队第7次调查（2002年夏，马萧林博士整理骨器）

工作照

图版一二

1. 中澳美联合考古队第7次调查（2002年夏，整理石器）

2. 中澳美联合考古队第8次调查（2002年冬季，嵩山地质调查）
从左至右依次为：Justin Gorton、许国伟、陈星灿、贝喜安（Sheahan Bestel）

工作照

图版一三

1. 中澳美联合考古队第8次调查（2002年冬，嵩山地质调查）
左：Anne Ford；右：许国伟

2. 中澳美联合考古队第8次调查（2002年冬，嵩山地质调查）
从左至右依次为：陈星灿、Anne Ford、贝喜安、许国伟、王宏章、Justin Gorton

工作照

图版一四

1. 中澳美联合考古队第8次调查（2002年冬，灰嘴发掘驻地）
从左至右依次为：许国伟、Justin Gorton、贝喜安、Anne Ford

2. 中澳美联合考古队灰嘴遗址发掘期（2002年冬，灰嘴发掘驻地）
（由左至右）后排：魏鸣、杨军锋、张震、杨结实；前排：李永强、刘莉、Liz、Geoffrey Hewitt、陈星灿

工作照

图版一五

1. 二里头工作队第6次调查（2003年春，东一干渠马涧河渡槽）
从左至右依次为：郭淑嫩、郭朝鹏、郭朝杰、赵海涛、许宏、王丛苗

2. 二里头工作队第7次调查（2003年夏）
从左至右依次为：郭朝鹏、陈国梁、郭朝杰、王丛苗、郭淑嫩、赵静玉、许宏

工作照

图版一六

1. 二里头工作队第7次调查（2003年夏）
从左至右依次为：赵静玉、郭淑嫩、许宏、王法成、赵海涛

2. 二里头工作队第7次调查（2003年夏）
从左至右依次为：王宏章、赵静玉、王法成、许宏、郭淑嫩

工作照

图版一七

1. 二里头工作队第7次调查（2003年夏）
从左至右依次为：王宏章、赵静玉、郭淑嫩、王法成、许宏

2. 二里头工作队第7次调查（2003年夏）
从左至右依次为：许宏、赵静玉、王宏章、郭淑嫩、王法成

工作照

图版一八

1. 中澳美联合考古队第9次调查（2004年冬，马寨采样）
左：李炅娥（Gyoung-Ah Lee）；右：王宏章

2. 中澳美联合考古队第9次调查（2004年冬，寨湾东南采样）
图中为李炅娥在采样

工作照

图版一九

1. 中澳美联合考古队第9次调查（2004年冬，裴村A采样）
图中为李炅娥在采样

2. 中澳美联合考古队第9次调查（2004年冬，高崖东北采样）
从左至右依次为：王宏章、李炅娥、谢礼晔

工作照

图版二〇

1. 中澳美联合考古队第9次调查（2004年冬，掘山采样）
图中为李炅娥在采样

2. 中澳美联合考古队第9次调查（2004年冬，袁沟A采样）
图中为王宏章在采样

工作照

1. 中澳美联合考古队第9次调查（2004年冬）
从左至右依次为裴章宪、王宏章、李炅娥、陈星灿

2. 中澳美联合考古队第9次调查（2004年冬，灰嘴发掘驻地浮选土样）
中左：谢礼晔；中右：李炅娥

工作照

图版二二

1. 中澳美联合考古队第9次调查（2004年冬，嵩山地质调查）
从左至右依次为：刘莉、陈星灿、艾琳、John Webb、李昃娥、Anne Ford

2. 中澳美联合考古队第9次调查（2004年冬，嵩山地质调查）
从左至右依次为：Anne Ford、艾琳、李昃娥、John Webb

工作照

图版二三

1. 中澳美联合考古队第9次调查（2004年冬，嵩山地质调查）
从左至右依次为：Anne Ford、John Webb、李炅娥、艾琳、陈星灿

2. 中澳美联合考古队第11次调查（2005年冬，灰嘴发掘驻地）
（由左至右）后排：李永强、杨军锋、魏鸣、蓝万里；前排：刘莉、Richard Macphail、艾琳、李炅娥、张朋峰

工作照

图版二四

1. 中澳美联合考古队第11次调查（2005年冬）
从左至右依次为：魏鸣、陈星灿、艾琳、Richard Macphail

2. 中澳美联合考古队第11次调查（2005年冬）
图中为Richard Macphail在取样

工作照

图版二五

1. 中澳美联合考古队第11次调查（2005年冬，灰嘴取样）
左：陈星灿；右：Richard Macphail

2. 2005年中澳美联合考古队第11次调查（2005年冬，灰嘴取样）
左：陈星灿；右：王法成

工作照

图版二六

1. 中澳美联合考古队第11次调查（2005年冬）
从左至右依次为：李炅娥、贝喜安、王宏章、王法成

2. 2017年夏季复查（山圪垱，072）
左：陈国梁；右：王法成

工作照

1. 2017年夏季复查（坞罗南店，Y032）
中：李永强；右：王法成

2. 2017年夏季复查（刘李西北，182）
从左至右依次为：王法成、陈国梁、李永强、史萌萌

工作照

图版二八

1. 2017年夏季复查（北许南，092）
从左至右依次为：史萌萌、陈国梁、王法成、张朋峰

2. 2017年夏季复查（南瓦窑，Y156）
图中为王法成在整理陶片

工作照

1. 2017年夏季复查（酒流沟水库北，158）
从左至右依次为：张朋峰、史萌萌、李永强、陈国梁

2. 2017年夏季复查（刘李寨B，187）
从左至右依次为：村民、张朋峰、史萌萌、杨军锋、陈国梁、王法成、李永强

工作照

图版三〇

1. 2017年夏季复查（景阳岗，041）
从左至右依次为：王法成、史萌萌、李永强、陈国梁、张朋峰

2. 2017年夏季复查（桂连凹南，020）
从左至右依次为：陈国梁、史萌萌、杨军锋

工作照

图版三一

1. 2017年夏季复查（颜良村西，Y088）
左：张朋峰；右：王法成

2. 中澳美联合考古队石器残留物采样（2007年冬，巩义博物馆）
从左至右依次为：贝喜安、杨军锋、刘莉

工作照

图版三二

1. 采集石笋（2006年冬，巩义雪花洞）
从左至右依次为：王保仁、雪花洞管理人员、John Webb、艾琳、刘莉、裴章宪

2. 整理石器（华翰维，巩义宾馆）

工作照

图版三三

1. 中澳美联合考古队工作照（华翰维比对土色）

2. 中澳美联合考古队工作照（华翰维比对土色）

工作照

图版三四

1. 洛河太平村北段（上为北）

2. 洛河潘寨村北段（上为北）

洛河

图版三五

1. 洛河枣园村南段（左为北）

2. 洛河河头村北段（上为北）

洛河

图版三六

1. 洛河朱圪垱岗村北段(上为北)

2. 洛河小湾村南段(右下为北)

洛河

1. 洛河渔骨村南段（左为北）

2. 洛河古城村南段（左下为北）

图版三八

1. 魏窑沟魏窑村段（右为北）

2. 五龙庙沟山化村段（下为北）

魏窑沟、五龙庙沟

图版三九

1. 五龙庙沟王窑村段（右为北）

2. 伊河东马庄村南段（左为北）

五龙庙沟、伊河

图版四〇

1. 伊河高崖村北段（右下为北）

2. 伊河香椿崖村北段（右上为北）

伊河

图版四一

1. 伊洛河南石村北段（右为北）

2. 伊洛河益家窝村西段（左为北）

伊洛河

图版四二

1. 伊洛河康北村东段（上为北）

2. 伊洛河孝北村东段（左为北）

伊洛河

1. 洛汭（上为北）

2. 杨沟刁窑段（下为北）

洛汭、杨沟

图版四四

1. 杨沟刘窑段（左为北）

2. 诸葛沟诸葛南段（左下为北）

杨沟、诸葛沟

图版四五

1. 梁村沟梁村南段（上为北）

2. 酒流沟酒流沟水库段（右上为北）

梁村沟、酒流沟

图版四六

1. 袁沟－苴家沟袁沟东南段（右下为北）

2. 沙沟河马寨西段（下为北）

袁沟、沙沟河

图版四七

1. 沙沟河孙家窑西段（左下为北）

2. 沙沟河王湾东段（左下为北）

沙沟河

1. 沙沟河杨裴屯西南段（右上为北）

2. 沙沟河杨裴屯西段（下为北）

沙沟河

图版四九

1. 沙沟河九贤西段（左上为北）

2. 东沙沟郜寨段（下为北）

沙沟河、东沙沟

图版五〇

1. 东沙沟与伊东渠段（右为北）

2. 东沙沟石牛沟段（右上为北）

东沙沟

图版五一

1. 铁窑河铁窑村南段（下为北）

2. 铁窑河马寨段（右下为北）

铁窑河

图版五二

1. 铁窑河张村东段（右上为北）

2. 铁窑河张大寨北段（左为北）

铁窑河

图版五三

1. 铁窑河符家寨北段（左为北）

2. 铁窑河符家寨东北段（上为北）

铁窑河

1. 铁窑河陶家村段（左上为北）

2. 浏河卢村南段（下为北）

铁窑河、浏河

图版五五

1. 浏河郑窑南段（右上为北）

2. 浏涧河程子沟东南段（下为北）

浏河、浏涧河

图版五六　浏河

1. 浏河双泉水库段（下为北）

2. 浏河双泉南段（右为北）

浏河

1. 浏涧河崔河东北段（上为北）

2. 浏涧河擂鼓台水库段（右为北）

浏涧河

图版五八

1. 马涧河陶化店水库段（上为北）

2. 马涧河邱河南段（左上为北）

马涧河

图版五九

1. 马涧河缑氏北段（下为北）

2. 曹河北后沟段（上为北）

马涧河、曹河

图版六〇

1. 暗河半个寨段（左上为北）

2. 滑城河颜良寨段（左为北）

暗河、滑城河

图版六一

1. 东一干渠韦窑段（下为北）

2. 干沟河南村寨段（左为北）

东一干渠、干沟河

图版六二

1. 干沟河南村寨段（左为北）

2. 干沟河桑家沟段（上为北）

干沟河

1. 干沟河王阅段（左为北）

2. 干沟河李家沟段（上为北）

干沟河

图版六四

1. 干沟河石家沟段（左为北）

2. 曹河上游（下为北）

干沟河、曹河

1. 曹河鲁庄段（右为北）

2. 天坡河堤东段（下为北）

曹河、天坡河

图版六六

1. 天坡水库（下为北）

2. 天坡河下游河谷地貌

天坡河

图版六七

1. 天坡下游河谷地貌

2. 南河仙沟段（下为北）

天坡河、南河

图版六八

1. 坞罗河寺院沟段（下为北）

2. 坞罗河坞罗水库段（下为北）

坞罗河

图版六九

1. 坞罗河坞罗水库段

2. 坞罗河坞罗西坡段

坞罗河

图版七〇

1. 坞罗河坞罗西坡段

2. 坞罗河下游罗口段

坞罗河

图版七一

1. 坞罗河下游罗口段

2. 坞罗河下游罗口段

坞罗河

图版七二

1. 坞罗河喂庄南段（左为北）

2. 坞罗河芝田段（右为北）

坞罗河

图版七三

1. 坞罗河南石段（左为北）

2. 稍柴水（下为北）

坞罗河、稍柴水

图版七四

1. 西吕庙（014）

2. 刘坡（036）灰坑

遗址、遗迹

图版七五

1. 平乐A（034）H1

2. 平乐B（035）

遗迹、遗址

图版七六

1. 翟泉北（029）

2. 翟泉西南（031）

遗址

图版七七

1. 金村东北（032）

2. 金村墓地（033）

遗址

图版七八

1. 保庄西北（046）

2. 石桥东南（050）

遗址

1. 扁担赵南（003）

2. 油王南（005）

图版八〇

1. 白王北（006）

2. 永宁寺西南（039）

遗址

图版八一

1. 寺里碑东（048）

2. 景阳岗（041）

遗址

图版八二

1. 景阳岗（041）灰坑

2. 景阳岗（041）灰坑

景阳岗（041）灰坑

1. 景阳岗（041）灰坑

2. 景阳岗（041）灰坑

景阳岗（041）灰坑

图版八四

1. 白村东北（043）

2. 新庄东南（054）

遗址

1. 南蔡庄西北（052）

2. 杜楼（059）

遗址

图版八六

1. 杨湾西（002）

2. 陈屯老村（009）

遗址

图版八七

1. 枣园北（010）

2. 古城西（057）

遗址

图版八八

1. 古城东北（056）

2. 北窑东北（065）

遗址

图版八九

1. 北窑东北（065）H1

2. 汤泉沟（066）

遗迹、遗址

图版九〇

1. 石头沟北（069）

2. 山圪垱北（071）

遗址

1. 化村北（068）

2. 寺沟南（Y151）

遗址

图版九二

1. 寺沟南（Y151）H2

2. 寺沟东南（Y152）

遗迹、遗址

1. 寺沟东南（Y152）灰坑

2. 南瓦窑（Y156）

遗迹、遗址

图版九四

1. 南瓦窑（Y156）H1

2. 南瓦窑（Y156）W1

南瓦窑（Y156）

图版九五

1. 康北古城（Y157）城墙、寨门

2. 康北古城（Y157）夯土城墙

康北古城（Y157）

图版九六

1. 康沟（Y158）

2. 康沟（Y158）灰坑

康沟（Y158）

1. 洪沟（Y160）

2. 神北（Y161）

遗址

图版九八

1. 神北（Y161）灰坑

2. 西石桥东（076）

遗迹、遗址

1. 西石桥东（076）H1

2. 孙家岗（077）

遗迹、遗址

图版一○○

1. 大郊寨东（087）

2. 北许南（092）

遗址

图版一〇一

1. 圪当头东北（093）

2. 纲常（019）

遗址

图版一〇二

1. 齐村西南（024）

2. 齐村东南（023）

遗址

1. 太平庄北（018）

2. 西石罢（016）

遗址

图版一〇四

1. 火龙庙（017）

2. 大郎庙南（083）

遗址

图版一〇五

1. 牛王庙东北（078）

2. 西三冢（079）

遗址

图版一〇六

1. 金钟寺（081）

2. 金钟寺（081）灰坑

金钟寺（081）

1. 金钟寺（081）灰坑

2. 碑楼南（085）

遗迹、遗址

图版一〇八

1. 罗圪垱（082）

2. 刁窑东（179）

遗址

图版一〇九

1. 梁村南（176）

2. 杨阌东南（160）

遗址

图版一一〇

1. 酒流沟水库西（159）

2. 酒流沟水库北（158）

遗址

1. 刘家窑（157）

2. 常村西南（174）

遗址

图版一一二

1. 常村东（169）

2. 南寨上村东（154）

遗址

1. 南寨上村东（154）灰坑

2. 南寨上村东（154）灰坑

南寨上村东（154）灰坑

图版一一四

1. 孙家窑西（193）

2. 孙家窑西（193）M1

孙家窑西（193）

1. 孙家窑西（193）H2

2. 孙家窑西（193）H4

孙家窑西（193）灰坑

图版一一六

1. 贾庄坡西南（194）

2. 东朱村东南（197）

遗址

图版一一七

1. 东朱村东北（196）

2. 王湾西北（195）

遗址

图版一一八

1. 王湾西北（195）H1

2. 王湾西北（195）H2

王湾西北（195）灰坑

图版一一九

1. 王湾西北（195）H3

2. 韩寨北（191）

遗迹、遗址

1. 杨裴屯西南（190）

2. 西湾北（189）

遗址

图版一二一

1. 西湾北（189）灰坑

2. 西湾北（189）H1

西湾北（189）灰坑

图版一二二

1. 宫家窑（183）H1

2. 刘李东北（181）

遗迹、遗址

图版一二三

1. 苏家窑西北（137）

2. 武屯东南（152）

遗址

图版一二四

1. 武屯东南（152）

2. 武屯南（153）

遗址

图版一二五

1. 武屯南（153）灰坑

2. 武屯南（153）灰坑

武屯南（153）灰坑

1. 东庞村南（136）

2. 掘山（147）

遗址

图版一二七

1. 掘山（147）地面遗物

2. 掘山（147）灰坑

掘山（147）

图版一二八

1. 肖村西寨西北（208）

2. 肖村西寨西北（208）H1

肖村西寨西北（208）

1. 肖村西寨西北（208）H2

2. 肖村西寨西北（208）地层

肖村西寨西北（208）

图版一三〇

1. 经周东北（206）

2. 吕桥（205）H1

遗址、遗迹

1. 郭家岭北（203）

2. 郜寨北（125）

遗址

图版一三二

1. 军屯东南（140）

2. 石牛沟（124）

遗址

1. 石牛沟（124）灰坑

2. 新彭店东（143）

遗迹、遗址

图版一三四

1. 高崖西（134）灰坑

2. 高崖西（134）灰坑

高崖西（134）灰坑

图版一三五

1. 高崖东北（132）H1

2. 高崖东北（132）H1

高崖东北（132）H1

1. 铁窑东南（218）

2. 铁窑东南（218）M1

铁窑东南（218）

1. 杨寨西（214）

2. 铁村南（220）

遗址

图版一三八

1. 铁村南（220）灰坑

2. 马寨西（213）

遗迹、遗址

图版一三九

1. 马寨西（213）H2

2. 马寨西（213）H3

马寨西（213）灰坑

1. 马寨西（213）H4

2. 马寨西（213）H4

马寨西（213）H4

图版一四一

1. 马寨西（213）H6

2. 马寨西（213）H7

马寨西（213）灰坑

图版一四二

1. 寨湾东南（216）

2. 寨湾东南（216）灰坑

寨湾东南（216）

图版一四三

1. 寨湾东南（216）灰坑

2. 寨湾东南（216）灰坑

寨湾东南（216）灰坑

1. 寨湾东南（216）灰坑

2. 寨湾东南（216）灰坑

寨湾东南（216）灰坑

图版一四五

1. 寨湾东南（216）灰坑

2. 寨湾东南（216）灰坑

寨湾东南（216）灰坑

1. 寨湾东南（216）灰坑

2. 寨湾东北（217）

遗迹、遗址

图版一四七

1. 寨湾东北（217）灰坑

2. 寨湾东北（217）灰坑

寨湾东北（217）灰坑

图版一四八

1. 寨湾东北（217）灰坑

2. 寨湾东北（217）灰坑

寨湾东北（217）灰坑

1. 曹寨北（212）

2. 曹寨北（212）H1

曹寨北（212）

图版一五〇

1. 曹寨北（212）H2

2. 曹寨北（212）H3

曹寨北（212）灰坑

图版一五一

1. 曹寨北（212）H4

2. 曹寨北（212）H5

曹寨北（212）灰坑

图版一五二

1. 曹寨北（212）H6

2. 西张庄东南（222）

遗迹、遗址

图版一五三

1. 西张庄东北（221）灰坑

2. 西张庄东北（221）灰坑

西张庄东北（221）灰坑

1. 西张庄东北（221）灰坑

2. 西张庄东北（221）灰坑

西张庄东北（221）灰坑

1. 西张庄东北（221）灰坑

2. 西张庄东北（221）灰坑

西张庄东北（221）灰坑

图版一五六

1. 韩村南A（201）

2. 符家寨西（200）

遗址

1. 裴村E（122）

2. 裴村A（118）

遗址

图版一五八

1. 裴村B（119）

2. 裴村D（121）

遗址

1. 陶化店水库（126）H1

2. 陶化店水库（126）H2

图版一六〇

1. 邢村东（Y225）

2. 邢村北（Y184）

遗址

1. 扒头水库南（Y185）

2. 卢村东北（Y169）

遗址

图版一六二

1. 双泉东南（Y174）

2. 泉寨东（Y173）

遗址

图版一六三

1. 双泉西南（Y171）

2. 双泉西北（Y175）

遗址

图版一六四

1. 西齐家窑东北（Y166）

2. 灰嘴北（Y192）

遗址

图版一六五

1. 郑窑南（Y189）

2. 郑窑南（Y189）H1

郑窑南（Y189）

1. 郑窑南（Y189）文化层

2. 刘国故城（Y190）

遗迹、遗址

1. 擂鼓台水库东（Y193）

2. 涧东村（Y195）

遗址

图版一六八

1. 涧东村（Y195）灰坑

2. 涧东村（Y195）灰坑

涧东村（Y195）灰坑

1. 涧东村（Y195）灰坑

2. 涧东村北（Y196A）灰坑

遗迹

图版一七〇

1. 东管茅东南（Y203）

2. 东管茅东（Y202）

遗址

1. 老周寨（Y200）

2. 老周寨（Y200）灰坑

图版一七二

1. 老周寨（Y200）灰坑

2. 老周寨（Y200）灰坑

老周寨（Y200）灰坑

1. 老屯寨（Y199）

2. 屯寨西北（Y198）

遗址

1. 屯寨西北（Y198）地面陶片

2. 屯寨西北（Y198）灰坑

屯寨西北（Y198）

1. 金屯东（Y215）

2. 北吴家湾（Y214）

遗址

图版一七六

1. 南吴家湾东南（Y213）

2. 南吴家湾东南（Y213）灰坑

南吴家湾东南（Y213）

1. 南吴家湾东南（Y213）灰坑

2. 林小寨西南（Y212）

遗迹、遗址

图版一七八

1. 邱河西（Y221）

2. 凤凰台南（Y220）

遗址

1. 老吊桥寨（Y217）

2. 老吊桥寨（Y217）灰坑

老吊桥寨（Y217）

图版一八〇

1. 吊桥寨东南（Y216）

2. 北寨北（Y219）

遗址

1. 陈河北（112）H1

2. 陈河北（112）H2

陈河北（112）灰坑

图版一八二

1. 化寨东（111）Z1

2. 盆窑寨东南（109）

遗迹、遗址

1. 盆窑寨东南（109）H1

2. 盆窑寨东南（109）H2

盆窑寨东南（109）灰坑

图版一八四

1. 东王河北(100)

2. 陶化店水库东(108)

遗址

1. 铺刘北（128）

2. 苗湾B（096）

遗址

图版一八六

1. 苗湾B（096）灰坑

2. 苗湾B（096）灰坑

苗湾B（096）灰坑

1. 苗湾A（095）

2. 苗湾A（095）灰坑

图版一八八

1. 苗湾A（095）灰坑

2. 苗湾A（095）灰坑

苗湾A（095）灰坑

1. 苗湾A（095）灰坑

2. 赵城（Y077）

遗迹、遗址

图版一九〇

1. 赵城西南（Y079）夯土墙

2. 府店东南（Y118）

遗迹、遗址

图版一九一

1. 府北村北（Y113）

2. 府北村北（Y113）H1

府北村北（Y113）

1. 颜良村西（Y088）

2. 颜良村西（Y088）文化层

颜良村西（Y088）

1. 冯寨西南（Y089）

2. 冯寨西南（Y089）灰坑

冯寨西南（Y089）

图版一九四

1. 冯寨西南（Y089）灰坑

2. 冯寨西南（Y089）灰坑

冯寨西南（Y089）灰坑

1. 杨寨西（Y059）

2. 杨寨西（Y059）灰坑

杨寨西（Y059）

图版一九六　遗址

1. 南村寨西（Y062）

2. 桑沟水库北（Y064）

1. 桑沟老村（Y065）

2. 桑沟老村（Y065）灰坑

桑沟老村（Y065）

图版一九八

1. 三官庙窑厂东南（Y105）

2. 马屯新村（Y069）

遗址

1. 马屯新村（Y069）灰坑

2. 马屯新村（Y069）灰坑

马屯新村（Y069）灰坑

图版二〇〇

1. 马屯新村（Y069）灰坑

2. 马屯新村（Y069）灰坑

马屯新村（Y069）灰坑

图版二〇一

1. 李家沟东（Y099）灰坑

2. 李家沟东（Y099）灰坑

李家沟东（Y099）灰坑

图版二〇二

1. 罗彦庄西南/肖家沟（Y072）

2. 回龙湾新村东（Y083）

遗址

1. 南罗（Y125）

2. 八陵西（Y155）

遗址

图版二〇四

1. 堤东（Y052）

2. 堤东（Y052）灰坑

堤东（Y052）

1. 龙骨堆（Y053）

2. 天坡水库东北（Y043）

遗址

图版二〇六

1. 天坡水库东北（Y043）灰坑

2. 天坡水库东北（Y043）灰坑

天坡水库东北（Y043）灰坑

1. 天坡水库东北（Y043）H1

2. 天坡水库东北（Y043）H3

天坡水库东北（Y043）灰坑

图版二〇八

1. 天坡水库东北（Y043）H3

2. 天坡水库东北（Y043）H3取样处

天坡水库东北（Y043）

图版二〇九

1. 天坡（Y049）

2. 天坡（Y049）H2

天坡（Y049）

图版二一〇

1. 天坡（Y049）灰坑

2. 羽林庄南（Y050）

遗迹、遗址

1. 羽林庄南（Y050）灰坑

2. 羽林庄南（Y050）灰坑

羽林庄南（Y050）灰坑

图版二一二

1. 羽林庄南（Y050）H4

2. 羽林庄南（Y050）H5

羽林庄南（Y050）灰坑

图版二一三

1. 大南沟（Y038）

2. 上庄东南（Y039）

遗址

图版二一四

1. 上庄东南（Y039）灰坑

2. 上庄东南（Y039）灰坑

上庄东南（Y039）灰坑

1. 上庄南（Y037）

2. 上庄南（Y037）灰坑

上庄南（Y037）

图版二一六

1. 涉村上古朵（Y040）

2. 铁生沟西南（Y028）

遗址

图版二一七

1. 铁生沟西南（Y028）

2. 铁生沟西南（Y028）

铁生沟西南（Y028）

图版二一八

1. 铁生沟（Y029）

2. 铁生沟（Y029）裴李岗文化地层

铁生沟（Y029）

图版二一九

1. 铁生沟（Y029）剖面

2. 寺院沟（Y034）

遗迹、遗址

图版二二〇

1. 坞罗西坡1（Y033）

2. 坞罗西坡2（Y042）

遗址

1. 坞罗西坡2（Y042）灰坑

2. 坞罗西坡2（Y042）H1

坞罗西坡2（Y042）灰坑

图版二二二

1. 坞罗南店（Y032）

2. 坞罗南店（Y032）F1

坞罗南店（Y032）

1. 坞罗南店（Y032）H1

2. 坞罗南店（Y032）H2

坞罗南店（Y032）灰坑

图版二二四

1. 坞罗南店（Y032）灰坑

2. 坞罗南店（Y032）灰坑

坞罗南店（Y032）灰坑

1. 坞罗南店（Y032）灰坑

2. 罗口（Y022）

遗迹、遗址

图版二二六

1. 罗口（Y022）灰坑

2. 罗口（Y022）灰坑

罗口（Y022）灰坑

1. 罗口（Y022）灰坑

2. 罗口（Y022）灰坑

罗口（Y022）灰坑

图版二二八

1. 喂庄东南（Y020）

2. 喂庄东南角（Y023）

遗址

1. 罗口砖厂东北（Y017）

2. 喂庄西（Y019）

遗址

图版二三〇

1. 喂庄西（Y019）H1

2. 喂庄西（Y019）H2

喂庄西（Y019）灰坑

图版二三一

1. 喂庄西南（Y018）

2. 喂庄西南（Y018）灰坑

喂庄西南（Y018）

图版二三二

1. 喂庄西南（Y018）灰坑

2. 费窑西南（Y011）

遗迹、遗址

1. 电厂东南1（Y007）

2. 清易镇东2（Y003）

遗址

图版二三四

1. 电厂南（Y009）

2. 清易镇东1（Y002）

遗址

1. 南石（Y1003）房址

2. 南石（Y1003）房址

南石（Y1003）房址

1. 南石（Y1003）灰坑

2. 小訾殿北（Y1004）灰坑

图版二三七

1. 石锛（034∶1）

2. 石戈（031∶1）

3. 石环（031∶2）

4. 石刀（046∶1）

5. 石锛（012∶1）

6. 石铲（012∶2）

石器（年代不详）

图版二三八

1. 石凿（012∶3）
2. 石铲（012∶4）
3. 石料（012∶5）
4. 石杵（012∶6）
5. 石铲（012∶7）
6. 砺石（012∶8）

石器、石料（年代不详）

图版二三九

1. 石斧（006∶1）

2. 石镰（006∶2）

3. 石环坯（041∶1）

4. 石凿（041∶2）

5. 石铲（074∶1）

6. 石凿（074∶2）

石器、石料（年代不详）

图版二四〇

1. 石锛（074∶3）

2. 砺石（076∶1）

3. 石杵（077∶1）

4. 石杵（077∶2）

5. 石球（094∶1）

6. 石锛（020∶1）

石器（年代不详）

图版二四一

1. 石斧（020∶2）

2. 残石器（020∶3）

3. 残石器（020∶4）

4. 石片（020∶5）

5. 残石器（020∶6）

6. 石斧（019∶1）

石器（年代不详）

图版二四二

1. 石刀（019：2）　　　　2. 石刀（019：3）

3. 石斧（025：1）　　　　4. 圆陶片（025：3）

5. 石片（022：1）　　　　6. 石器（022：2）

石器、圆陶片（年代不详）

图版二四三

1. 刀坯（086∶1）

2. 石斧（016∶1）

3. 残石器（016∶2）

4. 石片（016∶3）

5. 石斧（016∶4）

6. 石镰（016∶5）

石器、石料（年代不详）

图版二四四

1. 蚌料（083:6）
2. 石刀（081:1）
3. 石斧（081:2）
4. 石斧（081:3）
5. 石斧（081:4）
6. 石纺轮（081:5）

蚌器、石器（年代不详）

图版二四五

1. 石镰（085∶1）

2. 石斧（082∶1）

3. 石饼（082∶2）

4. 石器（082∶3）

5. 石锄（159∶1）

6. 石器（159∶2）

石器（年代不详）

图版二四六

1. 石器（159∶3）

2. 石斧（159∶4）

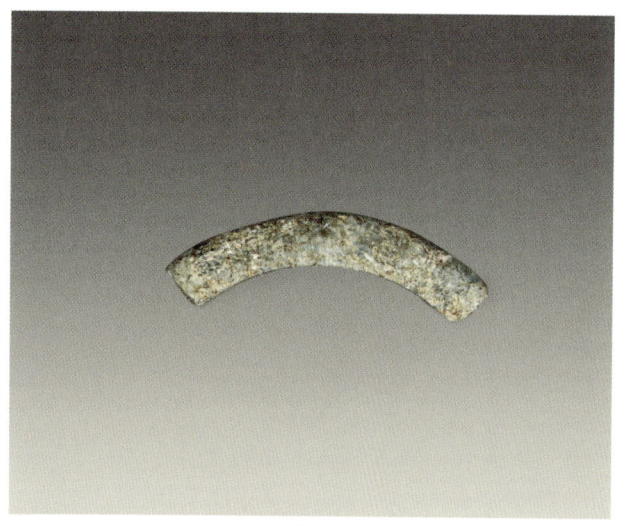
3. 石环（159∶5）

4. 石凿（158∶1）

5. 石斧（158∶2）

6. 石铲（173∶1）

石器（年代不详）

图版二四七

1. 石铲（坯）（165∶1）

2. 石斧（165∶2）

3. 石杵（164∶1）

4. 石锤（164∶2）

5. 残石器（164∶3）

6. 石凿（164∶4）

石器（年代不详）

图版二四八

1. 石片（164∶5）

2. 石铲（164∶6）

3. 石片（164∶7）

4. 石凿（164∶8）

5. 石片（168∶1）

6. 石锛（167∶1）

石器（年代不详）

图版二四九

1. 蚌刀（156∶4）

2. 石铲（151∶1）

3. 砺石（195∶2）

4. 石锛（184∶1）

5. 穿孔石器（184∶2）

6. 石锛（184∶3）

蚌器、石器（年代不详）

图版二五〇

1. 残石器（183∶1）
2. 石镰（183∶2）
3. 石球（183∶5）
4. 石斧（181∶1）
5. 石斧（181∶2）
6. 石器（152∶1）

石器（年代不详）

图版二五一

1. 石斧（153∶1）

2. 石片（153∶2）

3. 石刀（150∶1）

4. 石杵（145∶1）

5. 石镰（145∶2）

6. 石斧（145∶3）

石器（年代不详）

图版二五二

1. 石杵（147∶1）

2. 石坯（147∶2）

3. 石片（147∶5）

4. 石球（147∶6）

5. 石锛（207∶1）

6. 砍砸器（208∶1）

石器、石料（年代不详）

图版二五三

1. 石铲（124∶1）

2. 刀坯（143∶1）

3. 石杵（134∶2）

4. 石铲（134∶3）

5. 石料（218∶1）

6. 石铲（218∶2）

石器、石料（年代不详）

图版二五四

1. 石凿（218:3）
2. 石片（215:1）
3. 石片（215:2）
4. 蚌锥（214:33）
5. 石刀（213:1）
6. 石刀（213:2）

石器、蚌器（年代不详）

图版二五五

1. 石锛坯（216∶1）

2. 石斧（216∶2）

3. 石料（216∶3）

4. 石铲（216∶4）

5. 石铲（216∶5）

6. 石刀（216∶6）

石器、石料（年代不详）

图版二五六

1. 残石器（216∶7）

2. 石斧（216∶8）

3. 石斧（216∶9）

4. 残石器（216∶10）

5. 石刀（216∶11）

6. 石凿（216∶12）

石器（年代不详）

图版二五七

1. 石料（216∶13）

2. 石铲（217∶1）

3. 残石器（217∶2）

4. 石片（217∶3）

5. 石凿（212∶1）

6. 石铲（198∶1）

石器（年代不详）

图版二五八

1. 石铲（122∶1）

2. 骨料（118∶3）

3. 骨匕（121∶1）

4. 石铲坯（Y182∶33）

5. 石铲坯（Y182∶34）

6. 石铲坯（Y182∶35）

石器、石料、骨器（年代不详）

1. 石铲坯（Y182:36）

2. 石铲坯（Y182:38）

3. 石铲坯（Y182:39）

4. 石铲坯（Y182:42）

5. 石铲坯（Y182:43）

6. 石铲坯（Y182:44）

石铲坯（年代不详）

图版二六〇

1. 石铲坯（Y182：45）

2. 石铲坯（Y182：46）

3. 石铲坯（Y182：47）

4. 石铲坯（Y182：48）

5. 石铲坯（Y182：49）

6. 石铲坯（Y182：50）

石铲坯（年代不详）

1. 石铲坯（Y182∶51）

2. 石铲坯（Y182∶52）

3. 石铲坯（Y182∶53）

4. 石铲坯（Y182∶54）

5. 石铲坯（Y182∶55）

6. 石铲坯（Y182∶57）

石铲坯（年代不详）

图版二六二

1. 砺石（Y182∶58）

2. 砺石（Y182∶59）

3. 白烧石（Y182∶60）

4. 石斧（Y181∶9）

5. 白烧石（Y177∶4）

6. 石斧（Y224∶3）

石器、石料（年代不详）

1. 石斧（Y224∶4）

2. 白烧石（Y140∶14）

3. 砺石（Y195∶2）

4. 石铲（Y196A∶11）

5. 石毛坯（Y196A∶12）

6. 石斧（Y196B∶8）

石器、石料（年代不详）

图版二六四

1. 石锤（Y223∶1）

2. 石锤（Y223∶2）

3. 石锤（Y223∶3）

4. 砍砸器（Y223∶4）

5. 砍砸器（Y223∶5）

6. 石砧（Y223∶6）

石器（年代不详）

图版二六五

1. 砺石（Y223：7）

2. 石料（Y223：8）

3. 砍砸器（Y202：30）

4. 石铲坯（Y201H4：3）

5. 去薄石片（Y201：16）

6. 石铲坯（Y200：25）

石器、石料（年代不详）

图版二六六

1. 石锤（Y204∶10）

2. 石斧（Y210∶21）

3. 石铲（Y210∶23）

4. 石铲（Y210∶24）

5. 白烧石（Y213∶17）

6. 石斧（Y216∶26）

石器（年代不详）

图版二六七

1. 石杵（Y216∶29）

2. 砺石（Y216∶30）

3. 石锤（Y216∶31）

4. 石锤（Y219∶10）

5. 石坯（113∶1）

6. 石器（112∶1）

石器、石料（年代不详）

图版二六八

1. 石斧（112:2）
2. 石片（112:3）
3. 石料（112:4）
4. 石铲（109:1）
5. 蚌料（109:11）
6. 石料（100:1）

石器、石料、蚌器（年代不详）

图版二六九

1. 砍砸器（100∶2）

2. 砍砸器（100∶3）

3. 砍砸器（100∶4）

4. 石锤（100∶5）

5. 石料（100∶6）

6. 烧石（099∶1）

石器、石料（年代不详）

图版二七〇

1. 残石器（107∶1）
2. 骨镞（106∶7）
3. 石杵（096∶1）
4. 石斧（Y121∶9）
5. 砺石（Y121∶10）
6. 石锛坯（Y123∶18）

石器、石料、骨器（年代不详）

图版二七一

1. 石凿（Y123∶19）

2. 砺石（077H1∶1）

3. 砺石（077H1∶2）

4. 石斧（Y077∶54）

5. 石斧（Y077∶55）

6. 石斧（Y077∶56）

石器、石料（年代不详）

图版二七二

1. 石磨棒（Y077:59）

2. 石料（Y077:60）

3. 石料（Y077:61）

4. 石料（Y077:62）

5. 石网坠（Y077:63）

6. 石球（Y077:64）

石器、石料（年代不详）

1. 石环（Y077∶65）

2. 石环（Y077∶66）

3. 颜料块（Y077∶68）

4. 石铲坯（Y077∶71）

5. 石钺（Y114∶2）

6. 石铲坯（Y114∶3）

石器、石料（年代不详）

图版二七四

1. 石条形器（Y114:4）

2. 燧石块（Y114:5）

3. 石斧（Y114:31）

4. 石斧（Y114:32）

5. 石斧（Y114:33）

6. 石斧（Y114:34）

石器（年代不详）

图版二七五

1. 石刀坯（Y114∶35）

2. 石刀坯（Y114∶36）

3. 石刀坯（Y114∶37）

4. 石镰坯（Y114∶38）

5. 石凿（Y114∶40）

6. 石锤（Y114∶41）

石器、石料（年代不详）

图版二七六

1. 石锤（Y114：42）

2. 石杵（Y114：43）

3. 石杵（Y114：44）

4. 石饼（Y084：6）

5. 石斧（Y087：23）

6. 石斧（Y087：24）

石器（年代不详）

**图版二七七**

1. 石斧（Y087∶25）

2. 石斧（Y087∶26）

3. 石刀坯（Y087∶27）

4. 石刀坯（Y087∶28）

5. 石料（Y087∶29）

6. 石镰（Y087∶32）

石器、石料（年代不详）

图版二七八

1. 石铲（Y087∶33）

2. 石铲毛坯（Y087∶34）

3. 石镰（Y124H1∶9）

4. 石珠（Y124H1∶10）

5. 石镰（Y124H1∶11）

6. 磨盘（Y124H1∶12）

石器、石料（年代不详）

图版二七九

1. 石斧（Y089F1∶1）

2. 石斧（Y089F1∶2）

3. 石斧（Y107∶18）

4. 石尖状器（Y107∶19）

5. 石杵（Y107∶20）

6. 石杵（Y107∶21）

石器（年代不详）

图版二八〇

1. 石研磨器（Y107:22）

2. 方形石器（Y112:2）

3. 盘状器（Y112:3）

4. 石斧（Y061:13）

5. 石斧（Y109:9）

6. 石楔（Y109:10）

石器（年代不详）

图版二八一

1. 残石器（Y111：10）

2. 石斧（Y110：31）

3. 石斧（Y110：32）

4. 石矛（刀）（Y110：33）

5. 石斧（Y110：34）

6. 石斧（Y110：35）

石器（年代不详）

图版二八二

1. 石斧（Y110∶37）

2. 石镰（Y110∶39）

3. 石凿（Y110∶40）

4. 石杵（Y110∶41）

5. 石杵（Y110∶42）

6. 石锤（Y110∶43）

石器（年代不详）

图版二八三

1. 石锤（Y110∶44）
2. 石铲（Y110∶45）
3. 砺石（Y110∶46）
4. 石毛坯（Y110∶50）
5. 石毛坯（Y110∶49）
6. 石毛坯（Y110∶49）

石器、石料（年代不详）

图版二八四

1. 石刀（Y062:6）

2. 石锤（Y062:7）

3. 石斧（Y066:9）

4. 石杵（Y106:34）

5. 石铲（Y069:8）

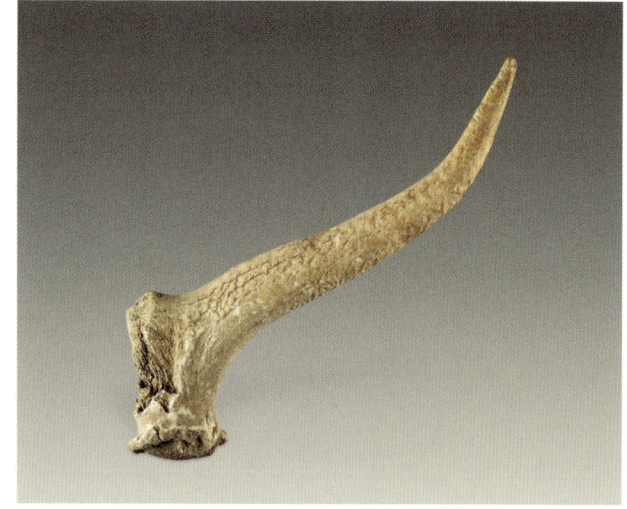

6. 角锥（Y069:9）

石器、角器（年代不详）

1. 石铲（Y070：4）

2. 石镰（Y099：38）

3. 石镰（Y099：39）

4. 石铲（Y099：40）

5. 砺石（Y099：41）

6. 石坠（Y099：42）

石器（年代不详）

图版二八六

1. 砺石（Y099：43） 2. 砺石（Y099：44）
3. 石铲坯（Y099：45） 4. 石铲坯（Y099：46）
5. 石铲坯（Y099：47） 6. 石铲坯（Y099：48）

砺石、石铲坯（年代不详）

图版二八七

1. 刮削器（Y099∶49）

2. 石英片（Y098∶3）

3. 石刀坯（Y098∶5）

4. 石镰（Y096∶3）

5. 石斧（Y093∶6）

6. 石斧（Y093∶7）

石器、石料（年代不详）

图版二八八

1. 刮削器（Y075H4∶2）

2. 石球（Y075H9∶2）

3. 石锤（Y075∶7）

4. 石刀（Y082∶1）

5. 砍砸器（Y139∶17）

6. 砺石（Y132∶10）

石器（年代不详）

图版二八九

1. 砺石（Y132:11）

2. 打制石片（Y130:8）

3. 打制石片（Y130:9）

4. 打制石片（Y130:10）

5. 白烧石（Y130:11）

6. 石锛坯（Y043:33）

石器、石料（年代不详）

图版二九〇

1. 石刀（Y043：34）

2. 石铲（Y043：35）

3. 石镰（Y043：37）

4. 大型砺石（Y043：38）

5. 大型砺石（Y043：39）

6. 大型砺石（Y043：41）

石器（年代不详）

图版二九一

1. 大型砺石（Y043：42）

2. 大型砺石（Y043：43）

3. 大型砺石（Y043：44）

4. 大型砺石（Y043：45）

5. 石锤（Y043：46）

6. 石锤（Y043：47）

砺石、石锤（年代不详）

图版二九二

1. 石锤（Y043：48）

2. 石锤（Y043：49）

3. 石锤（Y043：50）

4. 石锤（Y043：69）

5. 石锤（Y043：72）

6. 石锤（Y043：73）

石锤（年代不详）

图版二九三

1. 石锤（Y043：74）

2. 中型砺石（Y043：51）

3. 中型砺石（Y043：52）

4. 中型砺石（Y043：53）

5. 中型砺石（Y043：58）

6. 中型砺石（Y043：63）

石锤、砺石（年代不详）

图版二九四

1. 手持磨石（Y043：55）

2. 手持磨石（Y043：56）

3. 手持磨石（Y043：57）

4. 手持磨石（Y043：61）

5. 手持磨石（Y043：65）

6. 砺石（Y043：59）

砺石（年代不详）

图版二九五

1. 砺石（Y043：60）

2. 砺石（Y043：64）

3. 石砧（Y043：67）

4. 石砧（Y043：68）

5. 石灰岩片（Y043：75）

6. 石料（Y043：54）

石器、石料（年代不详）

图版二九六

1. 石料（Y043：62）
2. 石料（Y043：66）
3. 石料（Y043：70）
4. 石料（Y043：71）
5. 石刀（Y050：16）
6. 石环（Y050：18）

石器、石料（年代不详）

图版二九七

1. 石斧（Y037∶16）

2. 环形器坯（Y037∶17）

3. 石刀（Y029H2∶6）

4. 燧石核（Y029∶4）

5. 小石锛（Y029∶5）

6. 石刀（Y029∶6）

石器、石料（年代不详）

图版二九八

1. 石饼（Y029：7）

2. 打制石片（Y029：9）

3. 石铲（Y044：4）

4. 石楔（Y034：6）

5. 石研磨器（Y025：8）

6. 石磨盘（Y022H3：2）

石器（年代不详）

图版二九九

1. 石斧（Y022∶27）

2. 石斧（Y022∶28）

3. 石刀（Y022∶31）

4. 石镰（Y022∶32）

5. 石铲（Y022∶33）

6. 石饼（Y022∶34）

石器（年代不详）

图版三〇〇

1. 石饼（Y022∶35）

2. 石铲（Y020∶10）

3. 石铲（Y020∶11）

4. 石斧（Y019∶6）

5. 砍砸器（Y019∶7）

6. 石斧（Y018∶42）

石器（年代不详）

图版三〇一

1. 小石锛（Y018∶49）

2. 刮削器（Y018∶50）

3. 石饼（Y018∶52）

4. 砺石（Y018∶57）

5. 石锤（Y018∶61）

6. 砍砸器（Y011∶14）

石器（年代不详）

图版三〇二

1. 石镰（Y1001H9：1）

2. 砺石（Y1001H9：2）

3. 石刀坯（Y1001：31）

4. 石铲（Y1003：2）

5. 石片（Y1004：2）

6. 石片（Y1004：3）

石器、石料（年代不详）

图版三〇三

1. 石片（Y036∶2）（旧石器）

2. 陶球（Y042∶4）（裴李岗晚期）

3. 磨石（Y042∶5）（裴李岗晚期）

4. 石磨棒（Y042∶6）（裴李岗晚期）

5. 磨石（Y042∶7）（裴李岗晚期）

6. 碗（076∶3）（裴李岗晚期至仰韶早期）

旧石器时代与裴李岗文化遗物

图版三〇四

1. 小口尖底瓶（081∶8）

2. 小口尖底瓶（081∶9）

3. 碗（081∶34）

4. 钵（081∶82）

5. 罐（081∶83）

6. 盆（178∶8）

仰韶文化早期陶器

图版三〇五

1. 盆（178:9）

2. 罐（178:12）

3. 尖底瓶（193M1:1）

4. 尖底瓶（193M1:2）

5. 尖底瓶（193H3:1）

6. 盆（193H3:2）

仰韶文化早期陶器

图版三〇六

1. 鼎（178∶1）　　2. 罐（178∶2）
3. 钵（178∶3）　　4. 钵（178∶4）
5. 钵（178∶6）　　6. 盆（178∶7）

仰韶文化早中期陶器

图版三〇七

1. 盆（178:10）（早中期）

2. 尖底瓶（178:11）（早中期）

3. 彩陶片（041:9）（中期）

4. 鼎（076:4）（中期）

5. 尖底瓶（019:4）（中期）

6. 盆（019:11）（中期）

仰韶文化早中期陶器

图版三〇八

1. 小口尖底瓶（023:2）

2. 盆（015H1:2）

3. 小口尖底瓶（081:10）

4. 尖底瓶（081:12）

5. 瓮（081:22）

6. 盆（081:23）

仰韶文化中期陶器

1. 折腹盆（081：24）

2. 盆（081：27）

3. 罐（081：28）

4. 罐（081：29）

5. 鼎（081：32）

6. 矮领瓮（081：47）

仰韶文化中期陶器

图版三一〇

1. 盆（081∶62）

2. 盆（081∶66）

3. 钵（081∶72）

4. 盆（180∶1）

5. 盆（166H4∶1）

6. 罐（193∶1）

仰韶文化中期陶器

图版三一一

1. 罐（195：4）
2. 器盖（195：5）
3. 鼎（185：1）
4. 钵（185：2）
5. 钵（185：3）
6. 碗（185：4）（战国）

仰韶文化中期、战国陶器

图版三一二

1. 盆（185∶5）
2. 盆（185∶6）
3. 盆（185∶7）
4. 陶环（184∶4）
5. 盆（184∶5）
6. 钵（184∶6）

仰韶文化中期陶器

图版三一三

1. 鼎（184∶8）

2. 罐（184∶10）

3. 罐（184∶11）

4. 罐（184∶12）

5. 鼎（183∶7）　　　　6. 罐（183∶11）

仰韶文化中期陶器

图版三一四

1. 罐（183:12）

2. 罐（139:6）

3. 钵（152:5）

4. 钵（152:6）

5. 鼎（152:7）

6. 鼎（152:8）

仰韶文化中期陶器

图版三一五

1. 鼎（152∶9）

2. 尖底瓶（152∶10）

3. 罐（152∶11）

4. 罐（152∶12）

5. 罐（152∶13）

6. 罐（152∶14）

仰韶文化中期陶器

**图版三一六**

1. 罐（152∶15）
2. 罐（152∶16）
3. 罐（152∶19）
4. 盆（152∶23）
5. 盆（152∶24）
6. 刀（152∶27）

仰韶文化中期陶器

图版三一七

1. 盆（152∶28）

2. 盆（152∶29）

3. 鼎（135∶1）

4. 盆（135∶2）

5. 鼎（135∶3）

6. 盆（147∶39）

仰韶文化中期陶器

图版三一八

1. 尖底瓶（143∶2）　　2. 石料（218M1∶1）
3. 石片（218M1∶2）　　4. 罐（218M1∶3）
5. 鼎（213∶4）　　6. 罐（213∶7）

仰韶文化中期遗物

**图版三一九**

1. 罐（198H1∶2）

2. 钵（198∶2）

3. 罐（198∶8）

4. 盆（118∶1）

5. 瓮（126H1∶1）

6. 罐（126∶1）

仰韶文化中期陶器

**图版三二〇**

1. 器盖（Y221∶1）

2. 刀（098∶2）

3. 罐（096∶15）

4. 敛口盆（096∶20）

5. 敛口盆（096∶22）

6. 敛口盆（096∶24）

仰韶文化中期陶器

图版三二一

1. 彩陶罐（095：4）

2. 彩陶罐（095：5）

3. 罐（095：15）

4. 钵（095：18）

5. 折腹盆（095：20）

6. 器盖（Y096：1）

仰韶文化中期陶器

图版三二二

1. 器盖（Y019:4）（中期）

2. 器盖（Y018:10）（中期）

3. 钵（Y1001:1）（中期）

4. 圆陶片（004:1）（中晚期）

5. 圆陶片（041:5）（中晚期）

6. 盆（174:1）（中晚期）

仰韶文化中晚期陶器

图版三二三

1. 罐（156∶2）

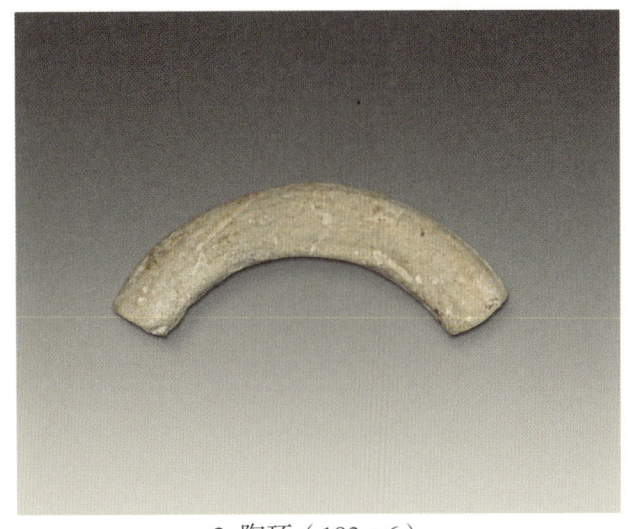

2. 陶环（183∶6）

3. 穿孔陶片（183∶14）

4. 尖底瓶（183∶26）

5. 夹砂罐（Y077∶11）

6. 夹砂罐（Y077∶12）

仰韶文化中晚期陶器

图版三二四

1. 夹砂罐（Y077:13）（中晚期）

2. 罐形鼎（046H2:1）（晚期）

3. 器盖（046H2:2）（晚期）

4. 缸（047:2）（晚期）

5. 钵（047:5）（晚期）

6. 彩陶片（028:1）（晚期）

仰韶文化中晚期陶器

1. 小口罐（004∶14）

2. 圆陶片（041∶4）

3. 盆（041∶8）

4. 罐（043∶1）

5. 盆（043∶2）

6. 圆陶片（074∶4）

仰韶文化晚期陶器

图版三二六

1. 罐（074∶9）

2. 盆（074∶10）

3. 钵（076∶13）

4. 夹砂罐（077H1∶1）

5. 罐（089∶1）

6. 敛口钵（019∶5）

仰韶文化晚期陶器

图版三二七

1. 敛口钵（019:6）

2. 缸（023:3）

3. 罐（015H1:3）

4. 罐（016:8）

5. 盆（016:9）

6. 大口罐（016:15）

仰韶文化晚期陶器

图版三二八

1. 夹砂罐（016：16）

2. 彩陶罐（016：20）

3. 折腹盆（081：25）

4. 折腹盆（081：26）

5. 鼎（081：33）

6. 大口罐（081：41）

仰韶文化晚期陶器

图版三二九

1. 罐（081：44）

2. 矮领瓮（081：46）

3. 盆（081：51）

4. 盆（081：61）

5. 盆（081：67）

6. 盆（180：2）

仰韶文化晚期陶器

图版三三〇

1. 缸（161H1∶2）　　2. 鼎（159∶6）
3. 钵（159∶9）　　4. 罐（159∶11）
5. 罐（159∶15）　　6. 罐（166H1∶2）

仰韶文化晚期陶器

仰韶文化晚期遗物

图版三三二

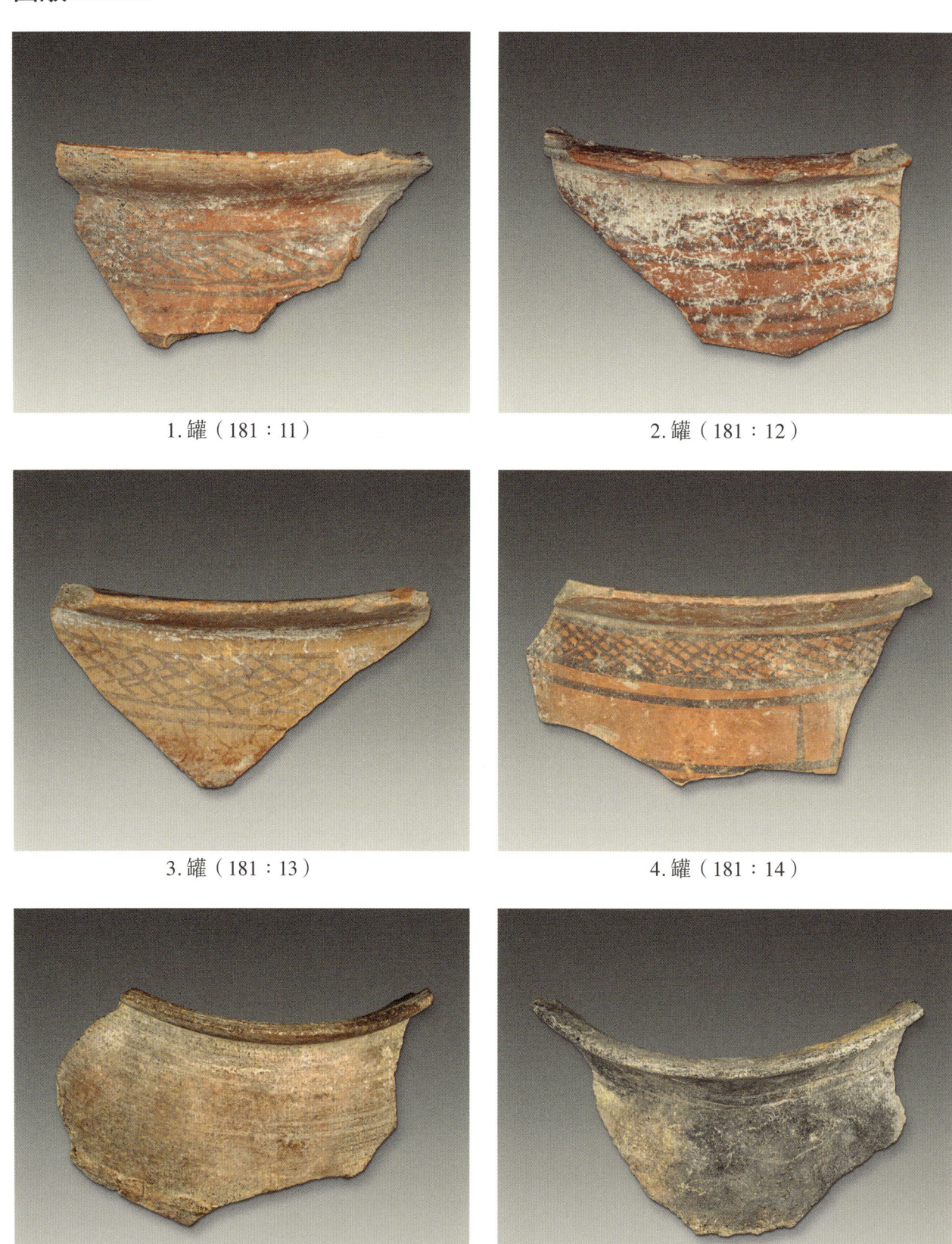

1. 罐（181∶11）
2. 罐（181∶12）
3. 罐（181∶13）
4. 罐（181∶14）
5. 罐（181∶15）
6. 罐（181∶16）

仰韶文化晚期陶罐

图版三三三

1. 罐（181∶17）

2. 罐（181∶19）

3. 盆（181∶21）

4. 缸（181∶22）

5. 缸（181∶23）

6. 钵（181∶24）

仰韶文化晚期陶器

图版三三四

1. 钵（181∶25）

2. 罐（182∶1）

3. 罐（182∶2）

4. 盆（182∶3）

5. 碗（182∶4）

6. 罐（139∶4）

仰韶文化晚期陶器

图版三三五

1. 罐（139∶5）

2. 罐（139∶8）

3. 石刀（137H3∶1）

4. 石刀（137H3∶2）

5. 罐（137∶1）

6. 碗（152∶3）

仰韶文化晚期陶器

图版三三六

1. 钵（152∶4）
2. 罐（152∶22）
3. 盆（152∶25）
4. 盆（152∶26）
5. 鼎（150∶2）
6. 器盖（147∶8）

仰韶文化晚期陶器

图版三三七

1. 罐（134:7）

2. 缸（134:8）

3. 罐（132:1）

4. 缸（215:4）

5. 罐（219:1）

6. 罐（214:1）

仰韶文化晚期陶器

图版三三八

1. 高领罐（220:6）

2. 残石器（213H1:1）

3. 石料（213H1:2）

4. 盆（213H1:3）

5. 罐（213H1:5）

6. 罐（213H1:6）

仰韶文化晚期遗物

图版三三九

1. 刮削器（213H4∶1）

2. 缸（213H4∶2）

3. 器盖（213H4∶3）

4. 罐（213H4∶4）

5. 罐（213H4∶5）

6. 钵（213H4∶7）

仰韶文化晚期遗物

图版三四〇

1. 罐（216H8∶4）

2. 罐（216∶17）（龙山文化）

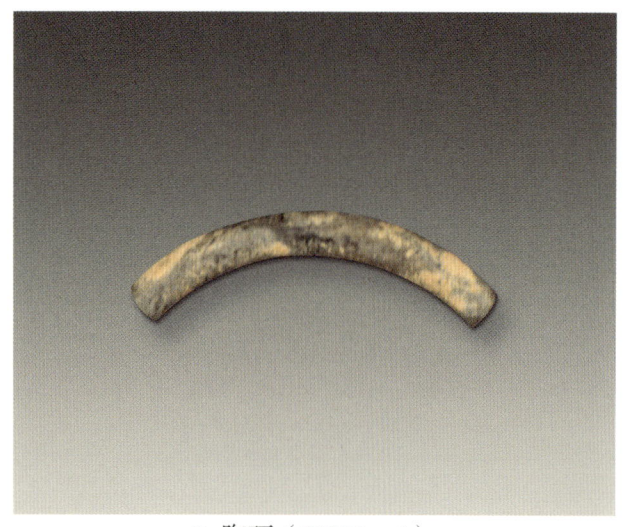

3. 陶环（217F1∶1）

4. 器盖（217∶4）

5. 罐（217∶5）

6. 钵（222∶1）

仰韶文化晚期、龙山文化陶器

1. 钵（222:2）

2. 彩陶罐（221H2:1）

3. 罐（221H4:2）

4. 罐（221H5:2）

5. 罐（202:1）

6. 鼎（200:1）

仰韶文化晚期陶器

图版三四二

1. 豆（198∶3）
2. 盆（198∶4）
3. 盆（198∶5）
4. 罐（198∶6）
5. 罐（198∶7）
6. 瓮（198∶10）

仰韶文化晚期陶器

图版三四三

1. 鼎（198∶11）

2. 罐（123∶1）

3. 碗（119∶4）

4. 折沿缸（120∶1）

5. 钵（127H1∶1）

6. 罐（126H1∶2）

仰韶文化晚期陶器

图版三四四

1. 盆（126H2∶1）

2. 罐（126H2∶2）

3. 罐形鼎（109H1∶1）

4. 罐形鼎（109H1∶2）

5. 罐形鼎（109∶2）

6. 罐形鼎（109∶3）

仰韶文化晚期陶器

图版三四五

1. 罐（109∶4）

2. 盉（101∶1）

3. 小口罐（100∶7）

4. 钵（105∶1）

5. 罐形鼎（106∶1）

6. 夹砂罐（106∶2）

仰韶文化晚期陶器

图版三四六

1. 敛口缸（106∶3）

2. 盆（106∶4）

3. 泥质罐（106∶5）

4. 泥质罐（106∶6）

5. 鼎（097∶1）

6. 泥质彩陶罐（097∶2）

仰韶文化晚期陶器

图版三四七

1. 鼎（096：3）

2. 罐（096：14）

3. 敛口盆（096：21）

4. 鼎（096：27）

5. 罐（096：28）

6. 彩陶罐（095：3）

仰韶文化晚期陶器

图版三四八

1. 彩陶罐（095∶6）

2. 彩陶罐（095∶7）

3. 盆（095∶8）

4. 盆（095∶9）

5. 矮领瓮（095∶10）

6. 钵（095∶19）

仰韶文化晚期陶器

图版三四九

1. 杯形器（Y121∶8）

2. 碗（Y075H2∶2）

3. 鼎（Y018∶1）

4. 瓮（Y018∶8）

5. 盆（Y018∶30）

6. 圈足（Y018∶40）

仰韶文化晚期陶器

图版三五〇

1. 双缺口石刀（041:3）

2. 双缺口石刀（195:1）

3. 双缺口石刀（139:1）

4. 双缺口石刀（139:2）

5. 石刀（Y018:45）

6. 石刀（Y018:46）

仰韶文化石刀

1. 鼎（072：1）

2. 罐（072：2）

3. 罐（074：12）

4. 罐（074：14）

5. 罐（086：2）

6. 鼎（016：21）

龙山文化早期陶器

图版三五二

1. 鼎（016：25）

2. 缸（016：28）

3. 缸（016：29）

4. 盆形鼎（159：12）

5. 罐形鼎（159：13）

6. 罐（139：7）

龙山文化早期陶器

图版三五三

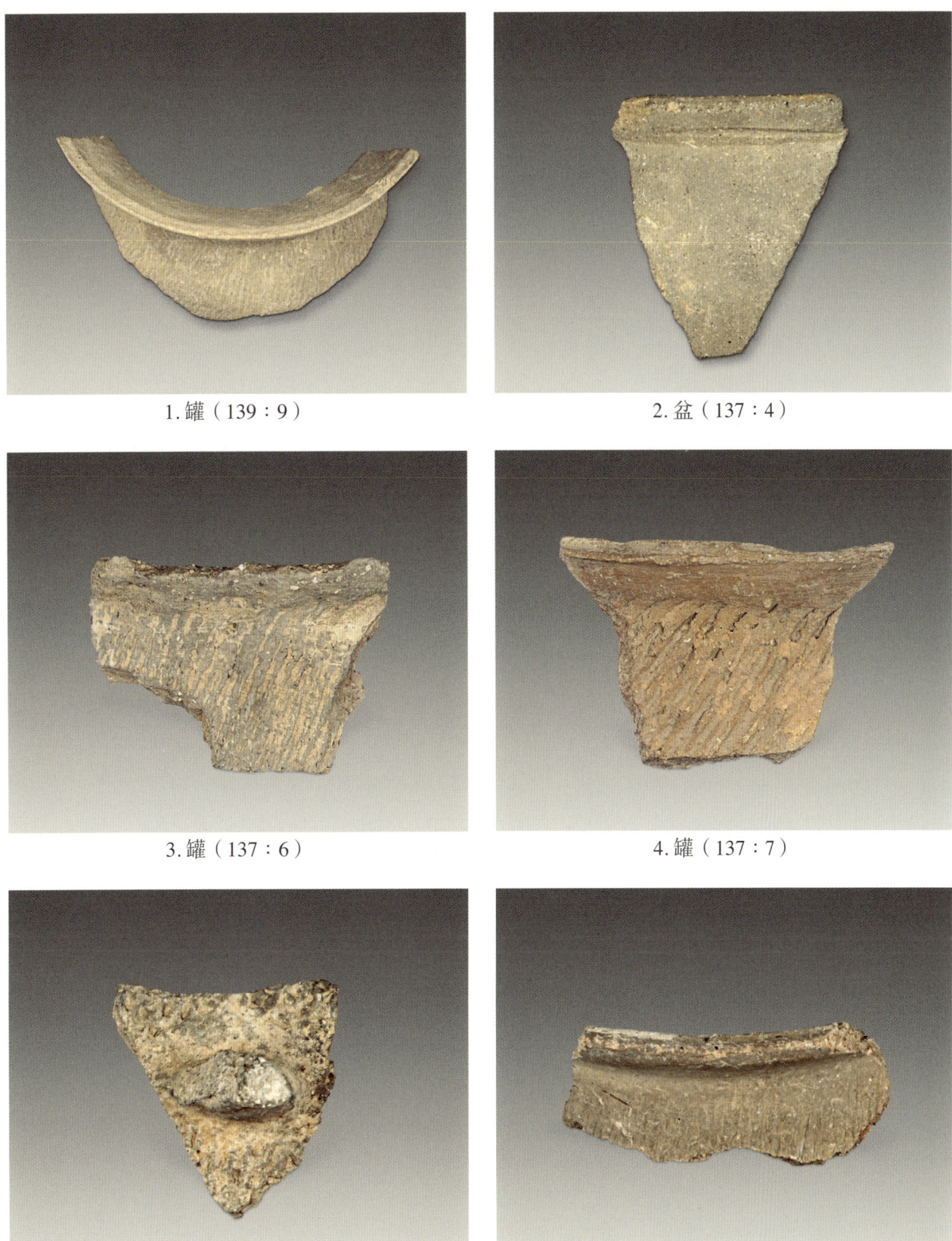

1. 罐（139：9）
2. 盆（137：4）
3. 罐（137：6）
4. 罐（137：7）
5. 鼎（147：9）
6. 罐（147：10）

龙山文化早期陶器

图版三五四

1. 器盖（213H2：1）

2. 缸（213：9）

3. 鼎（213：10）

4. 石片（216H8：1）

5. 鼎（216H8：2）

6. 鼎（216H8：3）

龙山文化早期遗物

图版三五五

1. 鼎（217∶51）

2. 盆（221H1∶1）

3. 罐（200∶2）

4. 缸（123H1∶1）

5. 罐（123H1∶2）

6. 缸（101∶3）

龙山文化早期陶器

图版三五六

1. 鼎（095：23）（早期）

2. 鼎（095：24）（早期）

3. 鼎（095：25）（早期）

4. 鼎（095：26）（早期）

5. 折腹钵（095：29）（早期）

6. 蚌刀（046H1：1）（晚期）

龙山文化遗物

图版三五七

1. 折腹盆（046H3∶1）

2. 圈足盘（047∶3）

3. 甑（076H1∶1）

4. 盆（076H1∶2）

5. 斝（076H1∶3）

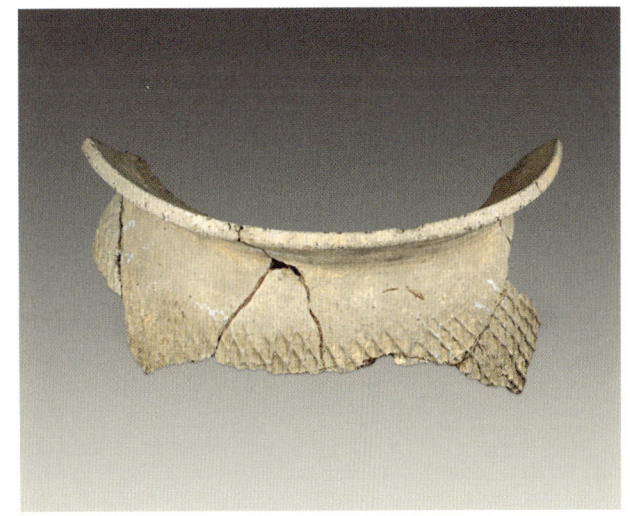

6. 罐（076H1∶4）

龙山文化晚期陶器

图版三五八

1. 觚（076H1：5）

2. 罐（076：37）

3. 罐（094：4）

4. 中口罐（019H1：1）

5. 甑（019H1：3）

6. 罐（019：13）

龙山文化晚期陶器

图版三五九

1. 盆（019∶15）

2. 圈足盘（083∶1）

3. 瓮（083∶4）

4. 罐（081∶71）

5. 罐（081∶73）

6. 罐（081∶74）

龙山文化晚期陶器

图版三六〇

1. 高领罐（082∶5）

2. 罐（160H2∶1）

3. 大口罐（160H2∶2）

4. 盆（159∶16）

5. 罐（173∶2）

6. 罐（173∶3）

龙山文化晚期陶器

图版三六一

1. 瓮（166H3：1）

2. 罐（166：3）

3. 罐（164：10）

4. 罐（164：11）

5. 高领瓮（164：12）

6. 高领瓮（169：1）

龙山文化晚期陶器

图版三六二

1. 罐（154H1∶3）

2. 盆（190∶1）

3. 三足皿（190∶10）

4. 罐（181∶7）

5. 罐（181∶8）

6. 石片（137H1∶2）

龙山文化晚期遗物

图版三六三

1. 豆（137H1∶3）

2. 石片（137H2∶1）

3. 石片（137H2∶2）

4. 罐（137H2∶3）

5. 石片（137H4∶1）

6. 圈足盘（152∶33）

龙山文化晚期遗物

图版三六四

1. 穿孔蚌刀（153H1∶1）

2. 蚌料（153H1∶2）

3. 高领瓮（153H2∶1）

4. 高领瓮（153H2∶2）

5. 罐（153H2∶3）

6. 罐（153H3∶2）

龙山文化晚期遗物

图版三六五

1. 盆（153H4∶1）

2. 盆（153H4∶2）

3. 罐（153∶3）

4. 圈足（145∶7）

5. 器盖（147∶7）

6. 罐（147∶11）

龙山文化晚期陶器

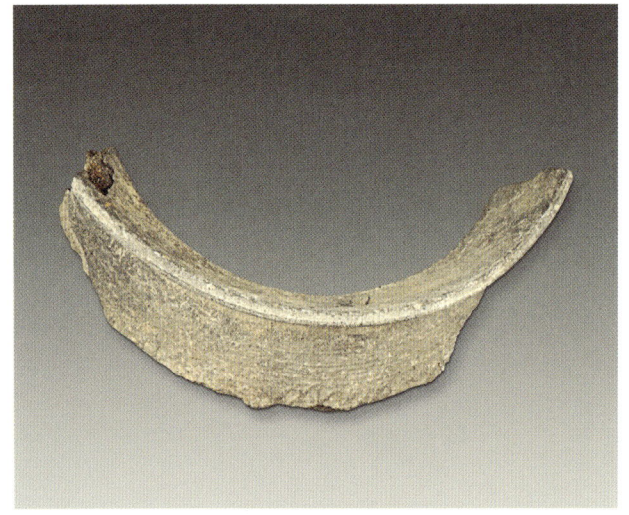
1. 罐（147：12）

2. 罐（147：13）

3. 罐（134H1：1）

4. 矮领瓮（134H2：1）

5. 器盖（134：11）

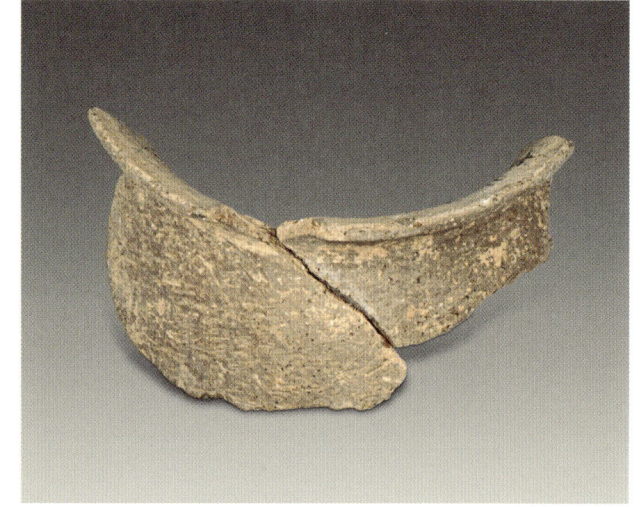
6. 罐（134：12）

龙山文化晚期陶器

图版三六七

1. 罐（134∶13）

2. 高领瓮（134∶16）

3. 罐（131∶1）

4. 罐（130∶1）

5. 罐（218∶7）

6. 残石铲（215H1∶1）

龙山文化晚期遗物

图版三六八

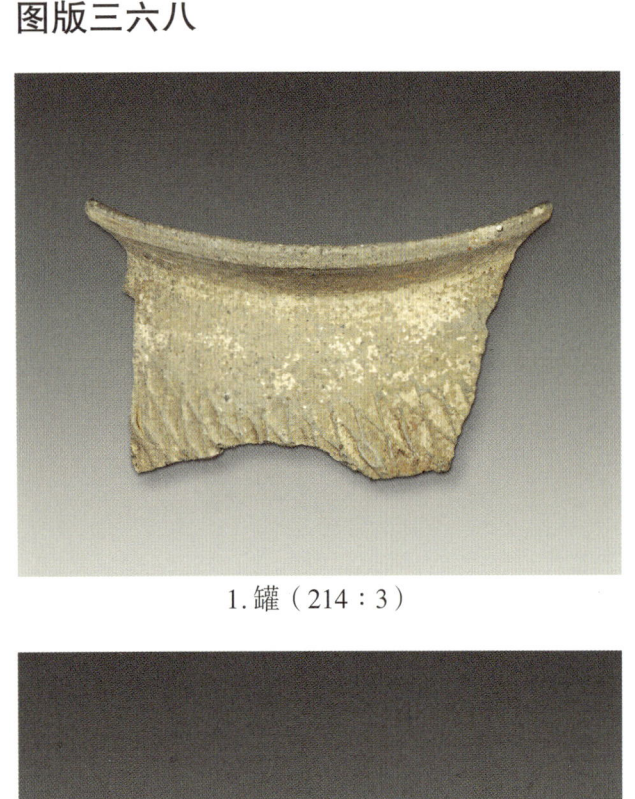
1. 罐（214∶3）

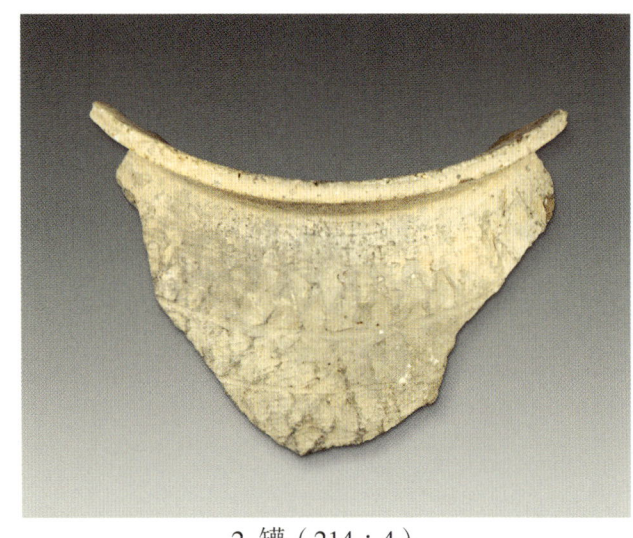
2. 罐（214∶4）

3. 罐（214∶5）

4. 罐（214∶6）

5. 罐（214∶7）

6. 夹砂罐（214∶8）

龙山文化晚期陶器

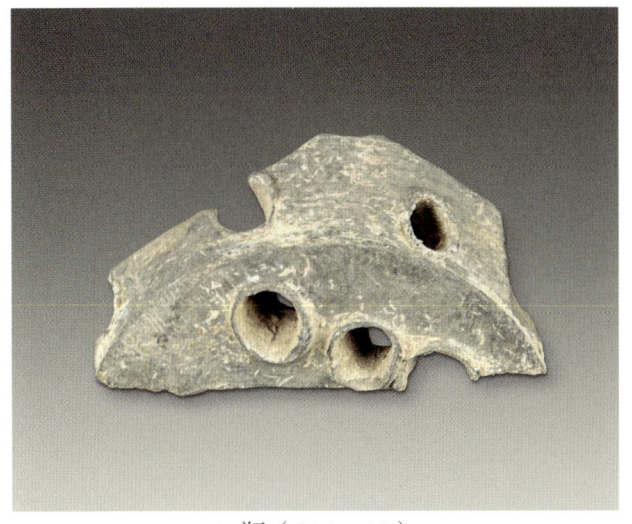

1. 甑（214∶10）

2. 圈足盘（214∶14）

3. 盘（214∶15）

4. 瓮（214∶17）

5. 器盖（214∶18）

6. 罐（213H3∶1）

龙山文化晚期陶器

图版三七〇

1. 圈足盘（213H3：2）

2. 残石器（213H5：1）

3. 盆（213H5：2）

4. 鬶（213H5：3）

5. 焙烧石灰石（213H6：1）

6. 焙烧石灰石（213H6：2）

龙山文化晚期遗物

图版三七一

1. 大口罐（213H6∶4）

2. 盆（213∶11）

3. 瓮（213∶14）

4. 石坯（216H4∶1）

5. 盆（216H4∶4）

6. 玉凿（锛）（217H1∶1）

龙山文化晚期遗物

图版三七二

1. 豆（217H1：2）
2. 石料（217H3：1）
3. 瓮（217H7：1）
4. 罐（212H5：1）
5. 罐（212H6：1）
6. 瓮（212H6：2）

龙山文化晚期遗物

图版三七三

1. 盆（119：2）

2. 豆（119：3）

3. 罐（121H1：1）

4. 扁壶（Y210H1：2）

5. 扁壶（Y210H1：3）

6. 瓮（Y210H1：4）

龙山文化晚期陶器

图版三七四

1. 折腹盆（Y210H1:8）

2. 高柄杯（O99:2）

3. 器盖（Y080:5）

4. 器盖（Y114:20）

5. 碗（Y110H1:1）

6. 单把杯（Y110:7）

龙山文化晚期陶器

图版三七五

1. 罐（Y126∶3）

2. 碗（Y069∶2）

3. 碗（Y073∶3）

4. 折腹盆（Y032H2∶1）

5. 深腹罐（082∶4）

6. 罐（153H3∶3）

龙山文化晚期陶器

**图版三七六**

1. 盆（156∶1）（二里头文化早期）

2. 鼎（218∶6）（二里头文化早期）

3. 罐（215H1∶2）（龙山文化晚期）

4. 器盖（216H6∶3）（二里头文化一期晚段）

5. 盆（012∶16）（二里头文化二期早段）

6. 平底盆（003∶7）（二里头文化二期早段）

龙山文化晚期、二里头文化早期陶器

图版三七七

1. 深腹罐（009∶1）（晚段）

2. 深腹罐（020H1∶1）（晚段）

3. 鼎（020∶7）（早段）

4. 深腹盆（020∶13）（早段）

5. 缸（020∶16）（晚段）

6. 三足盘（020∶28）（早段）

二里头文化二期陶器

图版三七八

1. 盆（021∶1）（晚段）

2. 罐（019∶18）（早段）

3. 深腹罐（081∶75）（早段）

4. 深腹罐（082∶6）（早段）

5. 刻槽盆（082∶15）（早段）

6. 刻槽盆（082∶16）（晚段）

二里头文化二期陶器

图版三七九

1. 石斧（162H1：1）

2. 深腹罐（162H1：2）

3. 豆（162H1：3）

4. 深腹罐（164Y1：1）

5. 盆（164M1：1）（晚段）

6. 缸（164H1：2）（晚段）

二里头文化二期遗物

图版三八〇

1. 石杵（164H2∶1）

2. 深腹罐（164∶14）（早段）

3. 深腹罐（164∶15）（早段）

4. 高领尊（164∶17）（早段）

5. 高领瓮（164∶20）（晚段）

6. 器盖（164∶23）（晚段）

二里头文化二期遗物

图版三八一

1. 罐（189：1）（晚段）

2. 深腹罐（152：35）（早段）

3. 深腹罐（124：3）（早段）

4. 圆腹罐（124：6）（晚段）

5. 器盖（134：18）（早段）

6. 圆腹罐（134：19）（晚段）

二里头文化二期陶器

图版三八二

1. 圆腹罐（134：21）（晚段）

2. 深腹罐（134：23）（早段）

3. 深腹罐（134：24）（早段）

4. 爵（134：26）（早段）

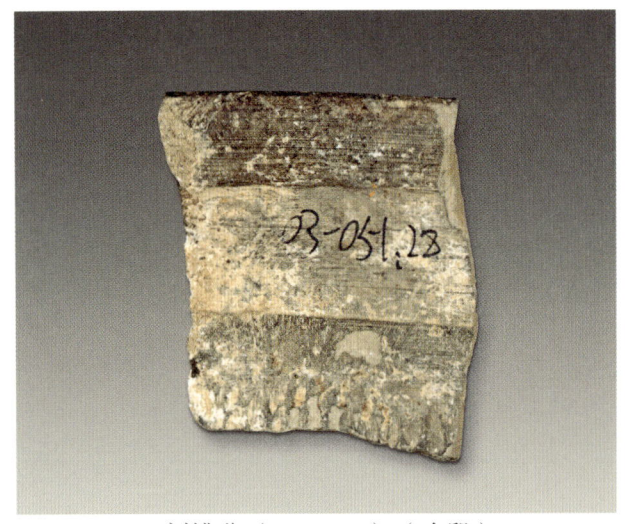
5. 刻槽盆（134：28）（晚段）

6. 深腹罐（214：20）（晚段）

二里头文化二期陶器

1. 深腹罐（214：21）（晚段）

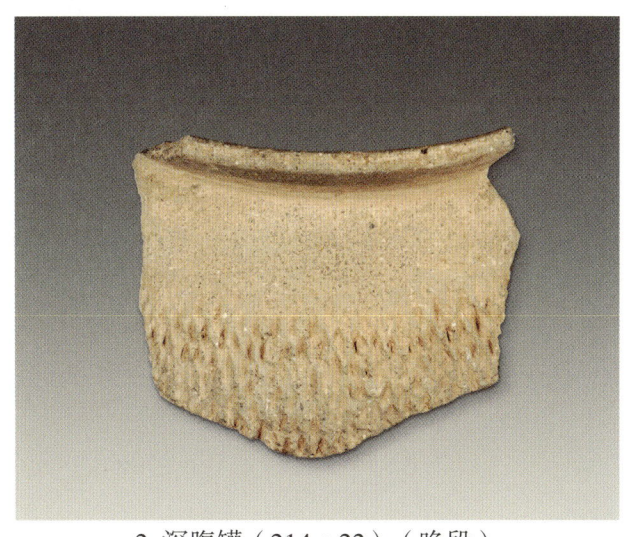
2. 深腹罐（214：22）（晚段）

3. 石戈（216H1：1）

4. 石片（216H1：2）

5. 石料（216H1：4）

6. 圆腹罐（216H1：5）

二里头文化二期遗物

图版三八四

1. 盆（216H1：6）

2. 深腹罐（216H6：1）

3. 圆腹罐（216：26）（晚段）

4. 鼎（216：27）（早段）

5. 盆（216：28）（晚段）

6. 深腹罐（217H6：1）

二里头文化二期陶器

图版三八五

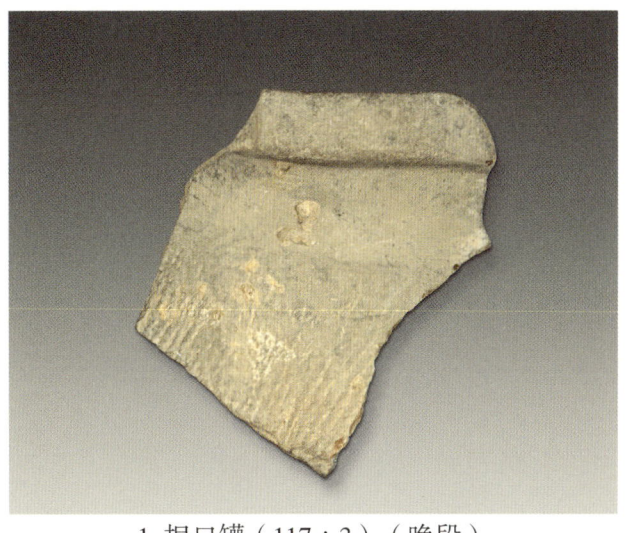

1. 捏口罐（117∶3）（晚段）

2. 深腹罐（117∶5）（早段）

3. 深腹罐（117∶6）（晚段）

4. 甗（117∶8）（晚段）

5. 缸（117∶9）（晚段）

6. 盆（114H1∶1）

二里头文化二期陶器

图版三八六

1. 盆（114H1∶2）（二期）

2. 圆腹罐（112H1∶1）（二期）

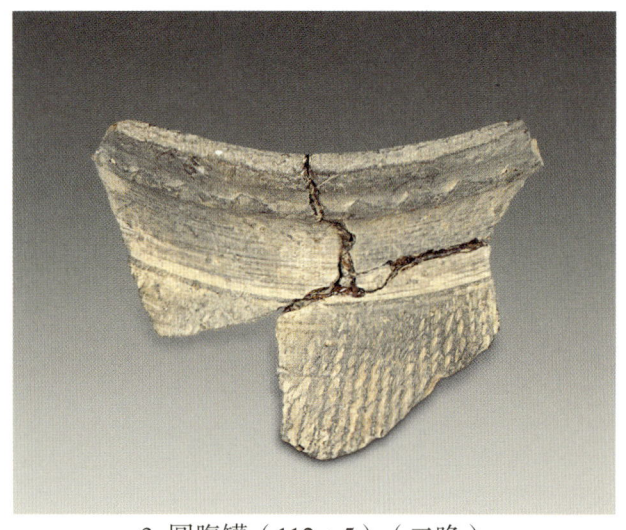

3. 圆腹罐（112∶5）（二晚）

4. 圆腹罐（101∶5）（二晚）

5. 深腹罐（213∶12）（二、三期）

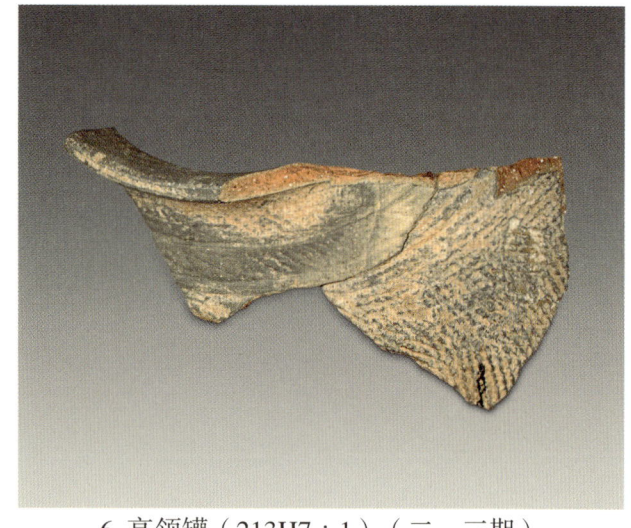

6. 高领罐（213H7∶1）（二、三期）

二里头文化二、三期陶器

图版三八七

1. 小盆（036:1）（晚段）

2. 深腹罐（012:13）（晚段）

3. 捏口罐（012:14）（晚段）

4. 盆（012:17）

5. 缸（012:18）

6. 圆腹罐（041:17）（晚段）

二里头文化三期陶器

**图版三八八**

1. 盆（041∶35）（晚段）

2. 大口尊（041∶38）（早段）

3. 缸（076∶19）（晚段）

4. 盆（077∶7）（早段）

5. 圆腹罐（020∶8）（晚段）

6. 深腹罐（020∶10）（晚段）

二里头文化三期陶器

图版三八九

1. 瓮（020∶14）（晚段）

2. 深腹罐（082∶7）（晚段）

3. 深腹罐（082∶8）（晚段）

4. 盆（082∶12）（早段）

5. 三足盘（082∶14）（早段）

6. 盆（082∶18）（晚段）

二里头文化三期陶器

图版三九〇

1. 刻槽盆（165:4）（早段）

2. 鼎（164:13）（晚段）

3. 深腹罐（183:16）（晚段）

4. 深腹罐（183:17）（晚段）

5. 鼎（124:2）（晚段）

6. 深腹罐（124:4）（早段）

二里头文化三期陶器

图版三九一

1. 刻槽盆（124：5）（晚段）

2. 盆（124：7）（早段）

3. 刻槽盆（134：20）（早段）

4. 圆腹罐（214：23）（晚段）

5. 圆腹罐（214：25）（晚段）

6. 高领罐（214：26）（晚段）

二里头文化三期陶器

**图版三九二**

1. 刻槽盆（214∶30）（早段）

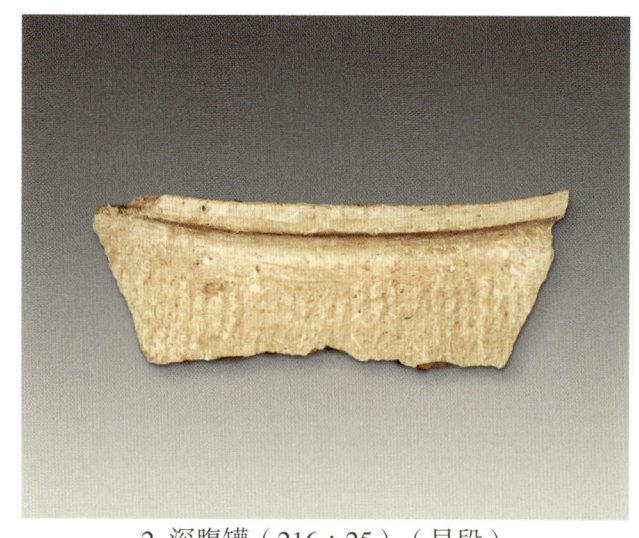
2. 深腹罐（216∶25）（早段）

3. 缸（217F1∶2）（早段）

4. 深腹罐（217∶10）（早段）

5. 鼎（217∶12）（晚段）

6. 盆（217∶20）（晚段）

二里头文化三期陶器

图版三九三

1. 缸（212H1：1）

2. 圆腹罐（212H3：1）

3. 刻槽盆（212：3）（晚段）

4. 刻槽盆（212：3）（晚段）

5. 尊（201：1）（早段）

6. 圆腹罐（112：6）（早段）

二里头文化三期陶器

图版三九四

1. 深腹罐（112∶7）（晚段）

2. 圆腹罐（111∶1）（晚段）

3. 深腹罐（111∶2）（晚段）

4. 瓮（101∶4）（早段）

5. 器盖（108∶1）

6. 盆（Y099∶15）（早段）

二里头文化三期陶器

图版三九五

1. 甑（Y1001H5：9）（三早）

2. 壶（077：10）（三晚四早）

3. 捏口罐（034：5）（四晚）

4. 盆形鼎（034：6）（四期）

5. 鬲（012：9）（四晚）

6. 盆（012：11）（四早）

二里头文化三、四期陶器

图版三九六

1. 瓮（012：12）（晚段）

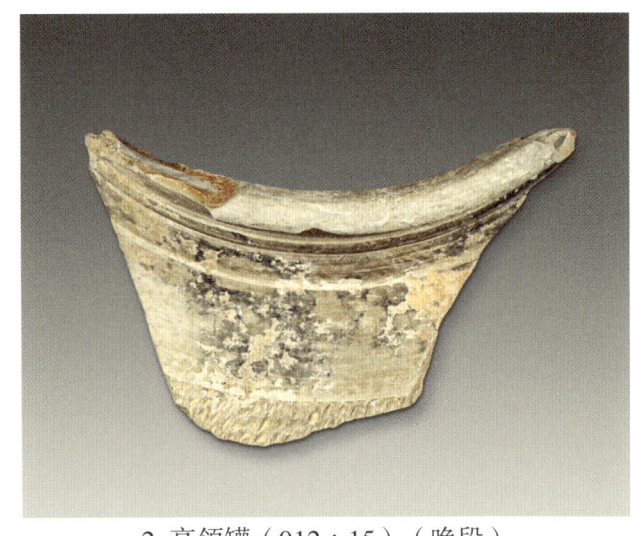
2. 高领罐（012：15）（晚段）

3. 盆（012：19）

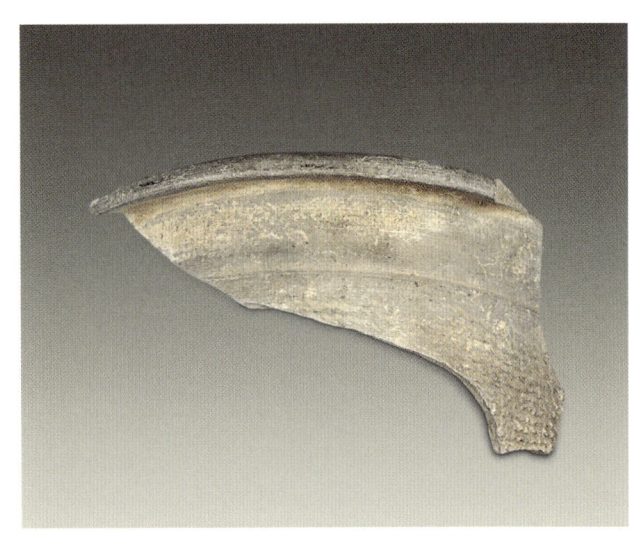
4. 盆（041：15）（晚段）

5. 缸（041：16）（晚段）

6. 圆腹罐（041：18）（早段）

二里头文化四期陶器

1. 深腹罐（041∶19）（早段）

2. 深腹罐（041∶20）（早段）

3. 鬲（041∶23）（晚段）

4. 圆腹罐（041∶24）（晚段）

5. 捏口罐（041∶25）（晚段）

6. 捏口罐（041∶26）（晚段）

二里头文化四期陶器

图版三九八

1. 鼎（041∶29）（早段）

2. 圆腹罐（041∶32）（早段）

3. 刻槽盆（041∶33）（晚段）

4. 四系罐（041∶34）（晚段）

5. 大口尊（041∶39）（晚段）

6. 圆腹罐（001∶2）（晚段）

二里头文化四期陶器

图版三九九

1. 圆腹罐（076：14）（早段）

2. 圆腹罐（076：16）（晚段）

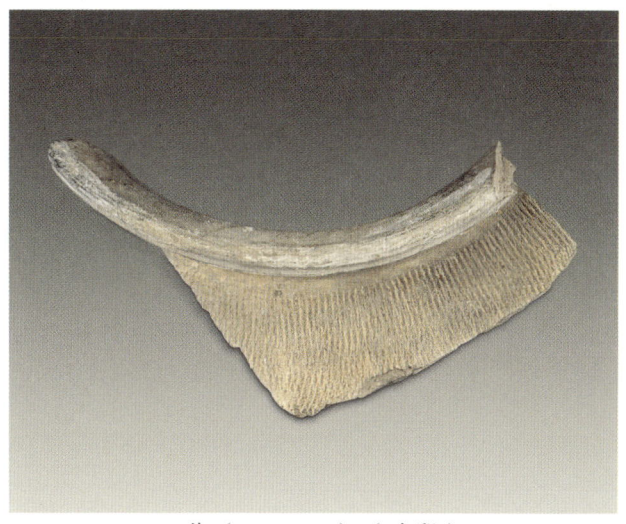
3. 瓮（076：20）（晚段）

4. 盆（076：21）（晚段）

5. 深腹罐（077：3）（晚段，岳石风格）

6. 束颈盆（077：4）（晚段）

二里头文化四期陶器

图版四〇〇

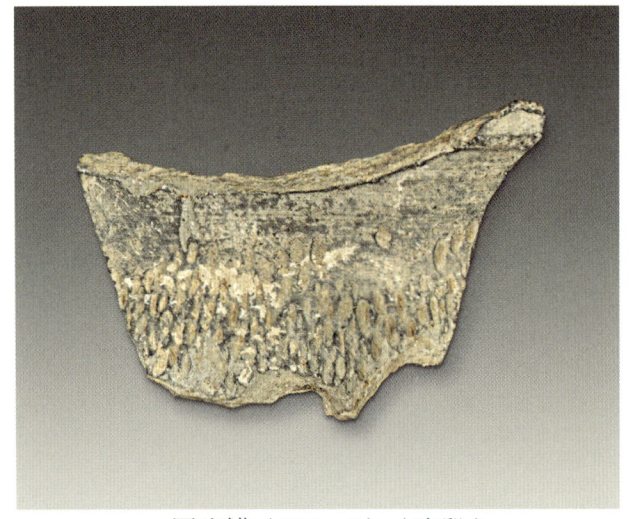
1. 圆腹罐（077：5）（晚段）

2. 圆腹罐（077：6）（晚段）

3. 大口尊（077：8）（晚段）

4. 捏口罐（020：11）（早段）

5. 圆腹罐（020：12）（早段）

6. 圆腹罐（020：15）（早段）

二里头文化四期陶器

图版四〇一

1. 刻划陶片（086∶3）

2. 圆腹罐（083∶7）（晚段）

3. 大口尊（083∶8）（晚段）

4. 高领尊（083∶9）（晚段）

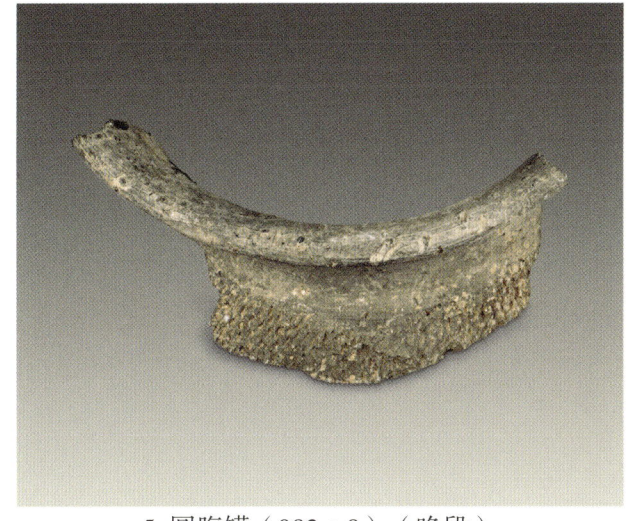
5. 圆腹罐（082∶9）（晚段）

6. 甑（082∶11）（晚段）

二里头文化四期陶器

图版四〇二

1. 盆（082：13）（晚段）

2. 敛口罐（082：17）（晚段）

3. 矮领瓮（082：19）（晚段）

4. 器盖（165：3）（晚段）

5. 捏口罐（164H1：1）（晚段）

6. 圆腹罐（164：16）（晚段）

二里头文化四期陶器

图版四〇三

1. 高领罐（164∶18）（晚段）

2. 高领瓮（164∶19）（晚段）

3. 甗（168∶2）

4. 尊（193H1∶3）

5. 缸（193H1∶4）

6. 鬲（196∶1）（晚段）

二里头文化四期陶器

**图版四〇四**

1. 盆（196∶2）（晚段）

2. 罐（196∶3）（晚段）

3. 高领罐（196∶5）（晚段）

4. 瓮（196∶6）（晚段）

5. 瓮（196∶7）（晚段）

6. 鬲（184∶13）（晚段）

二里头文化四期陶器

图版四〇五

1. 盆（184：14）（晚段）

2. 大口尊（184：15）（晚段）

3. 缸（184：16）（晚段）

4. 水管（184：17）（晚段）

5. 深腹罐（183：15）（晚段）

6. 鬶（144：1）（晚段）

二里头文化四期陶器

图版四〇六

1. 大口尊（145∶9）（晚段）

2. 罐（145∶11）（晚段）

3. 深腹罐（207∶2）（晚段）

4. 圆腹罐（205H1∶1）（晚段）

5. 深腹罐（205H1∶3）（晚段）

6. 深腹罐（205H1∶4）（晚段）

二里头文化四期陶器

图版四○七

1. 盆（205H1∶5）（晚段）

2. 缸（140H1∶1）（晚段）

3. 大口尊（140H1∶2）（晚段）

4. 高领瓮（140∶1）（晚段）

5. 豆（134∶17）（晚段）

6. 捏口罐（134∶22）（早段）

二里头文化四期陶器

**图版四〇八**

1. 鬲（134∶25）（二里头文化四期晚段）

2. 圆腹罐（132∶7）（二里岗文化晚期）

3. 圆腹罐（214∶24）（二里头文化四期早段）

4. 甗（214∶28）（二里头文化四期早段）

5. 盆（214∶29）（二里头文化四期早段）

6. 鬲（216∶22）（二里头文化四期晚段）

二里头文化四期、二里岗文化晚期陶器

图版四〇九

1. 深腹罐（216∶23）（晚段）

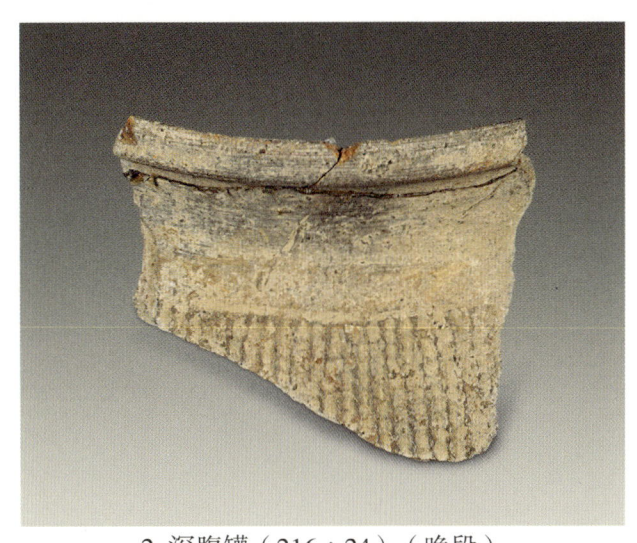
2. 深腹罐（216∶24）（晚段）

3. 敛口罐（216∶29）（晚段）

4. 缸（217∶22）（晚段）

5. 缸（217∶23）（晚段）

6. 缸（217∶24）（晚段）

二里头文化四期陶器

图版四一〇

1. 鼎（212∶2）（晚段）

2. 盆（212∶5）（晚段）

3. 深腹罐（201∶2）（晚段）

4. 鬲（122∶2）（晚段）

5. 深腹罐（122∶3）（晚段）

6. 豆（Y033∶6）（晚段）

二里头文化四期陶器

图版四一

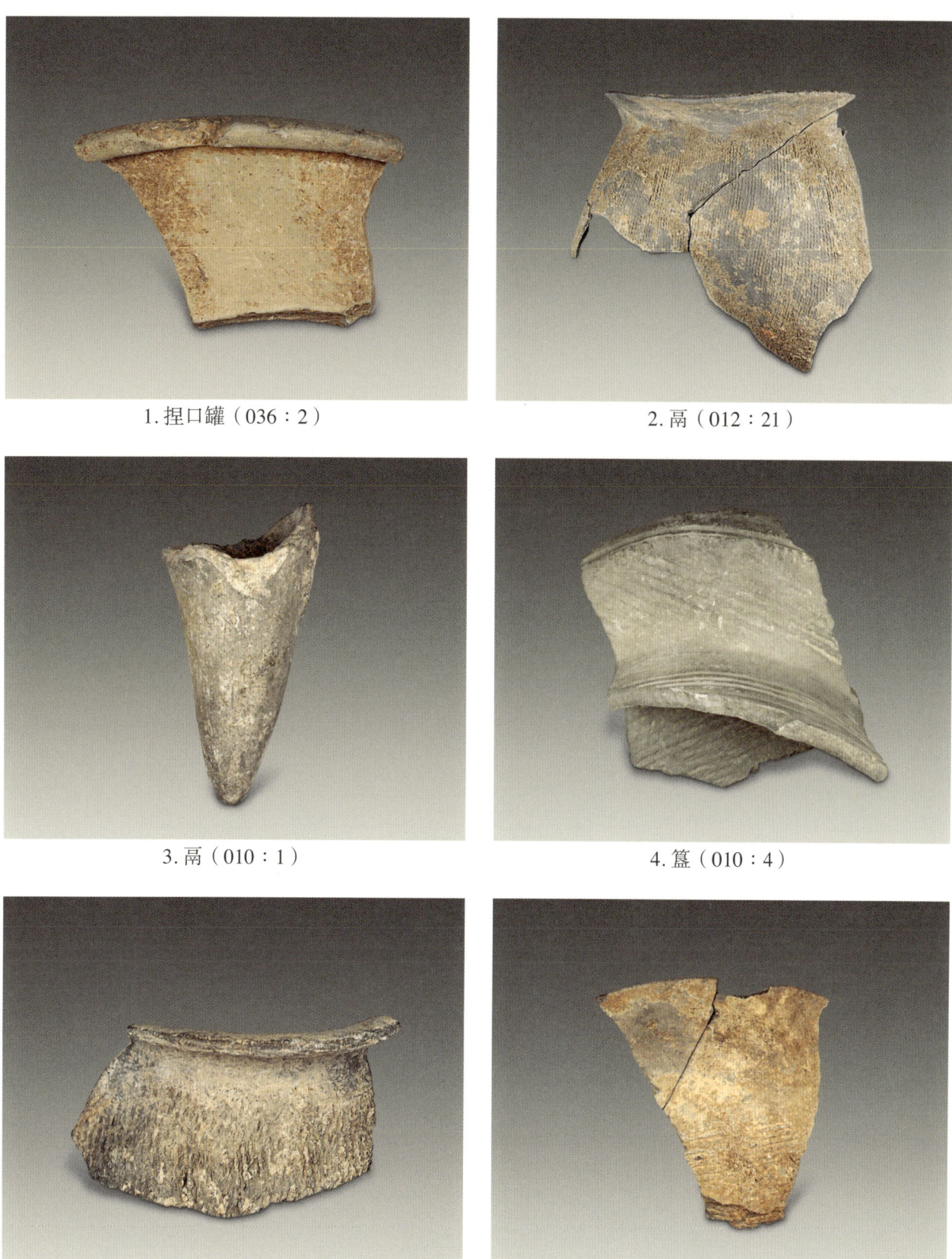

1. 捏口罐（036:2）
2. 鬲（012:21）
3. 鬲（010:1）
4. 簋（010:4）
5. 鬲（065:2）
6. 簋（166H2:1）

二里岗文化早期陶器

图版四一二

1. 鬲（188∶1）

2. 盆（188∶5）

3. 尊（181H1∶2）

4. 罐形鼎（181∶30）

5. 鬲（144∶3）

6. 缸（147∶14）

二里岗文化早期陶器

图版四一三

1. 盆（140∶2）
2. 盆（132∶5）
3. 鬲（132∶12）
4. 鬲（220∶13）
5. 深腹罐（198∶13）
6. 盆（104∶3）

二里岗文化早期陶器

图版四一四

1. 盆（060∶3）　　2. 簋（065H1∶1）
3. 鬲（065∶3）　　4. 盆（065∶4）
5. 盆（065∶5）　　6. 鬲（077∶11）

二里岗文化晚期陶器

图版四一五

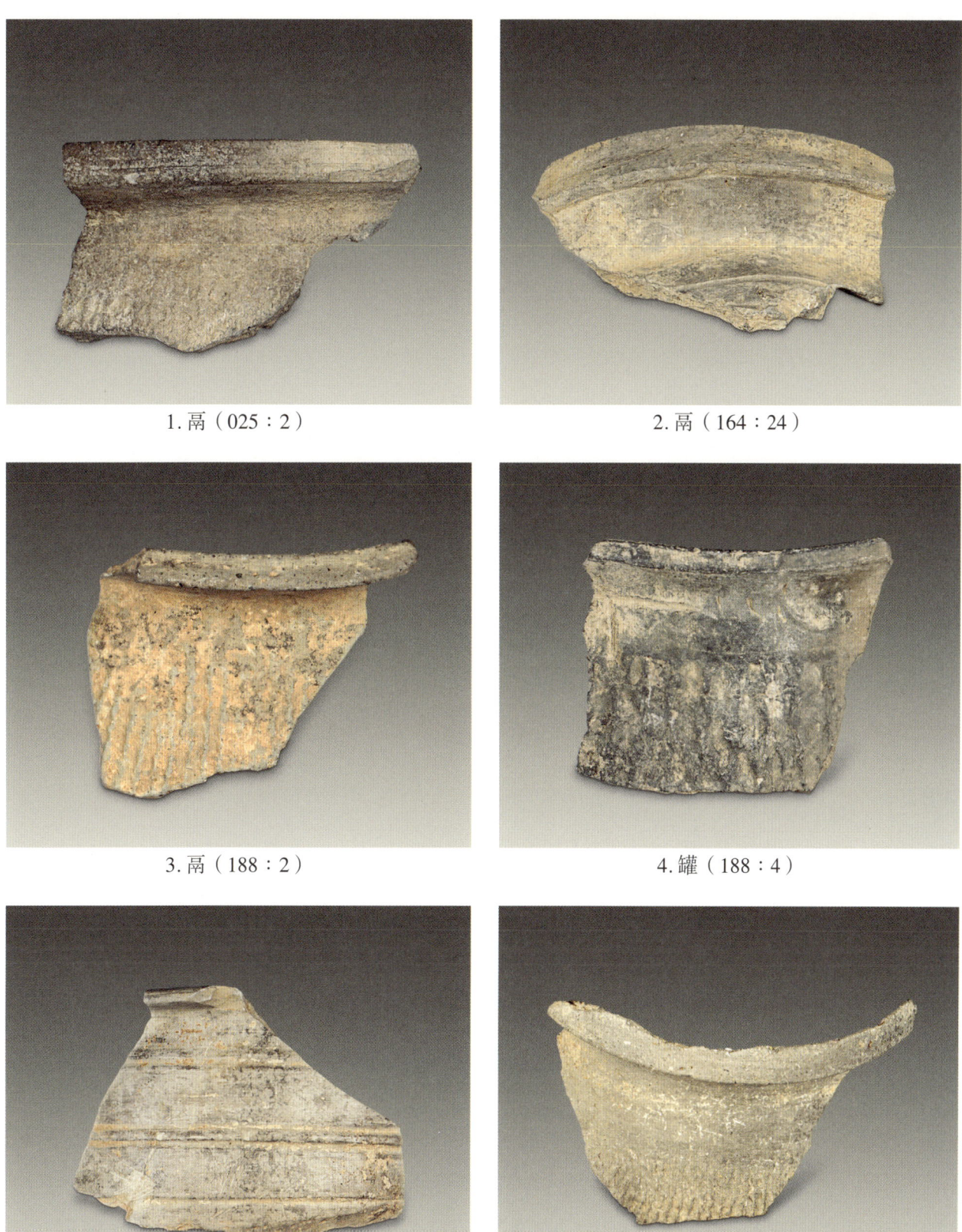

1. 鬲（025∶2）
2. 鬲（164∶24）
3. 鬲（188∶2）
4. 罐（188∶4）
5. 簋（187∶1）
6. 鬲（181H1∶1）

二里岗文化晚期陶器

图版四一六

1. 鬲（208∶2）

2. 尊（208∶6）

3. 鬲（132∶6）

4. 圆腹罐（132∶8）

5. 鬲（132∶9）

6. 圆腹罐（132∶10）

二里岗文化晚期陶器

图版四一七

1. 鬲（220∶10）
2. 鬲（220∶11）
3. 盆（220∶12）
4. 鬲（216∶32）
5. 鬲（216∶33）
6. 鬲（212∶6）

二里岗文化晚期陶器

图版四一八

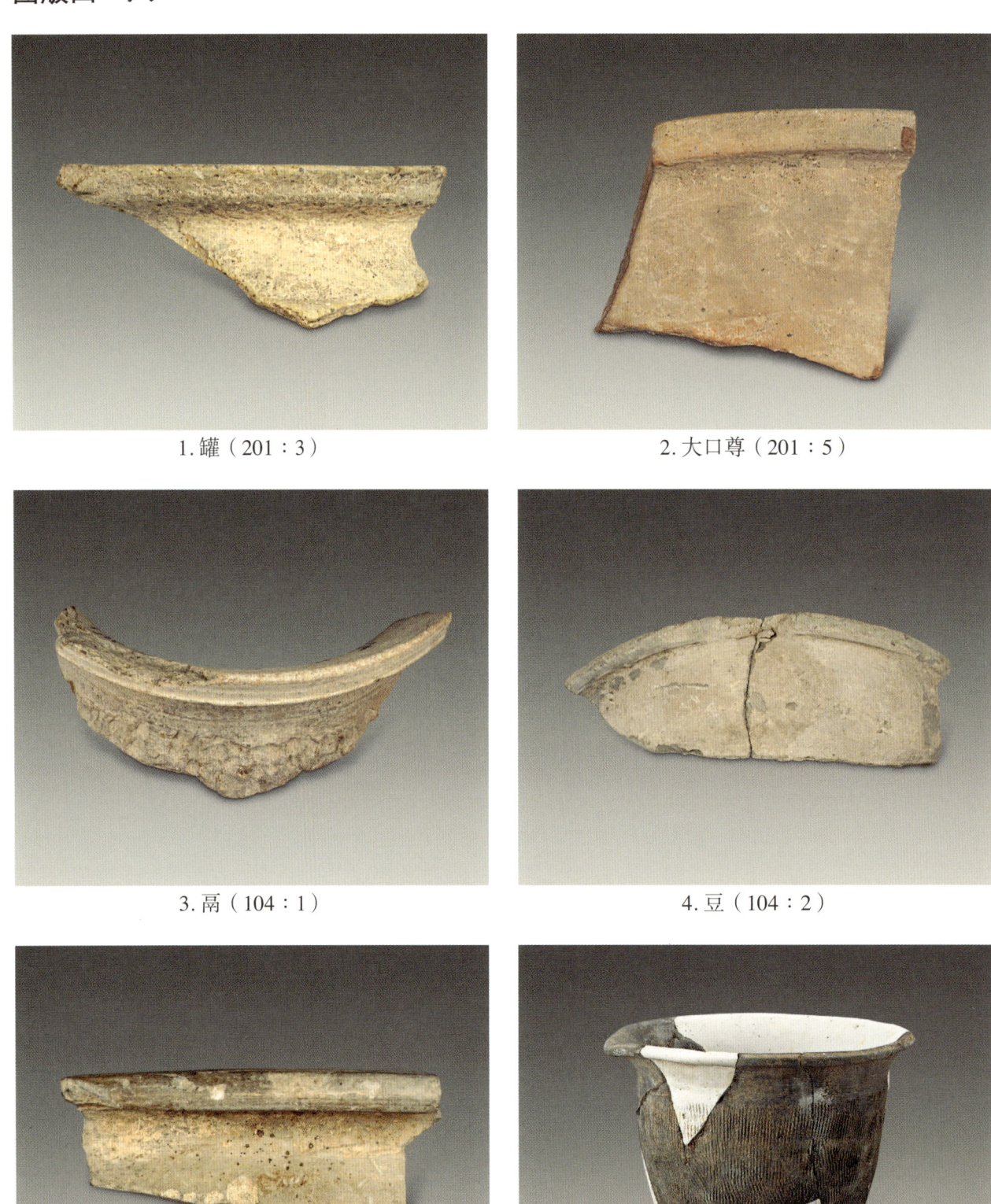

1. 罐（201∶3）
2. 大口尊（201∶5）
3. 鬲（104∶1）
4. 豆（104∶2）
5. 盆（107∶2）
6. 甑（Y043∶19）

二里岗文化晚期陶器

图版四一九

1. 鬲（012:26）

2. 簋（012:27）

3. 簋（012:28）

4. 罐（012:29）

5. 瓮（013:1）

6. 罐（013:2）

殷墟文化陶器

**图版四二〇**

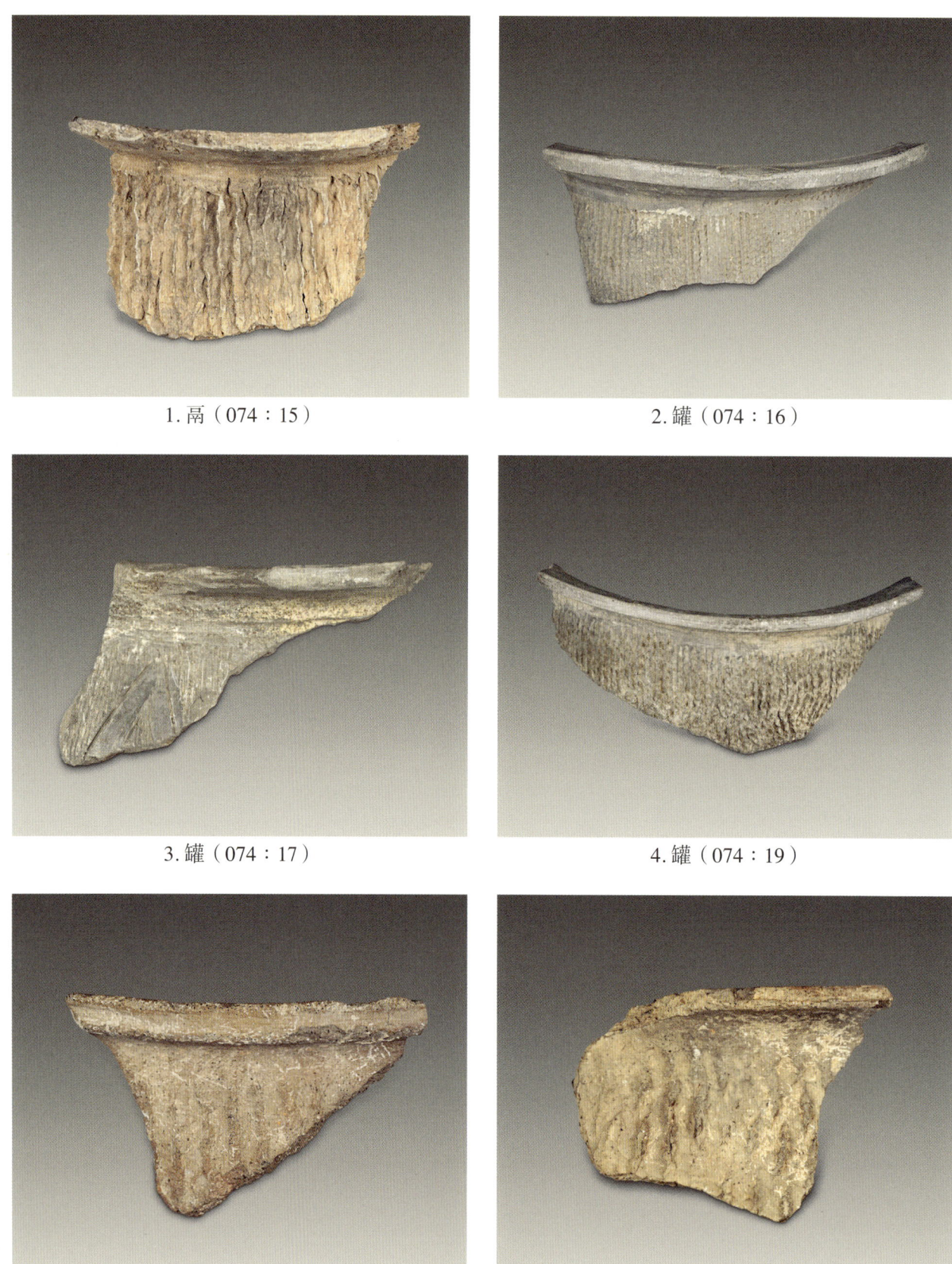

1. 鬲（074∶15）
2. 罐（074∶16）
3. 罐（074∶17）
4. 罐（074∶19）
5. 鬲（077∶14）
6. 鬲（022∶3）

殷墟文化陶器

图版四二一

1. 鬲（016：33）

2. 罐（016：35）

3. 罐（016：36）

4. 盆（165：7）

5. 盆（165：8）

6. 罐（190：3）

殷墟文化陶器

**图版四二二**

1. 鬲（139∶12）

2. 罐（208∶7）

3. 鬲（134∶29）

4. 鬲（213H7∶2）

5. 瓮（217F3∶1）

6. 罐（217∶26）

殷墟文化陶器

图版四二三

1. 罐（217∶28）　　2. 罐（217∶29）
3. 盆（217∶30）　　4. 鬲（217∶41）
5. 鬲（217∶42）　　6. 鬲（217∶45）

殷墟文化陶器

图版四二四

1. 罐（046∶4）　　2. 罐（046∶5）
3. 鬲（047∶6）　　4. 盆（047∶7）
5. 簋（013∶3）　　6. 瓮（013∶5）

西周时期陶器

图版四二五

1. 盆（041：37）

2. 罐（041：41）

3. 簋（001：10）

4. 罐（001：13）

5. 簋（002：3）

6. 簋（002：4）

西周时期陶器

图版四二六

1. 罐（002∶6）

2. 鬲（074∶21）

3. 鬲（074∶22）

4. 盆（074∶23）

5. 鬲（076∶22）

6. 罐（088∶2）

西周时期陶器

图版四二七

1. 簋（089∶2）

2. 簋（089∶3）

3. 簋（089∶4）

4. 簋（089∶6）

5. 罐（022∶6）

6. 甑（081∶77）

西周时期陶器

图版四二八

1. 甑（081：79）
2. 鬲（177：1）
3. 罐（162：1）
4. 鬲（158：5）
5. 盆（136：2）
6. 豆（207：3）

西周时期陶器

**图版四二九**

1. 豆（134∶32）

2. 盆（134∶34）

3. 鬲（214∶31）

4. 瓮（214∶32）

5. 罐（116∶3）

6. 鬲（096∶29）

西周时期陶器

图版四三〇

1. 鬲（047∶8）　　2. 罐（047∶9）
3. 鬲（047∶10）　　4. 罐（047∶11）
5. 鬲（049∶1）　　6. 鬲（049∶2）

春秋时期陶器

图版四三一

1. 刀（041H1∶1）

2. 罐（041H1∶2）

3. 盆（077∶16）

4. 盆（077∶18）

5. 罐（077∶22）

6. 鬲（077∶24）

春秋时期陶器

图版四三二

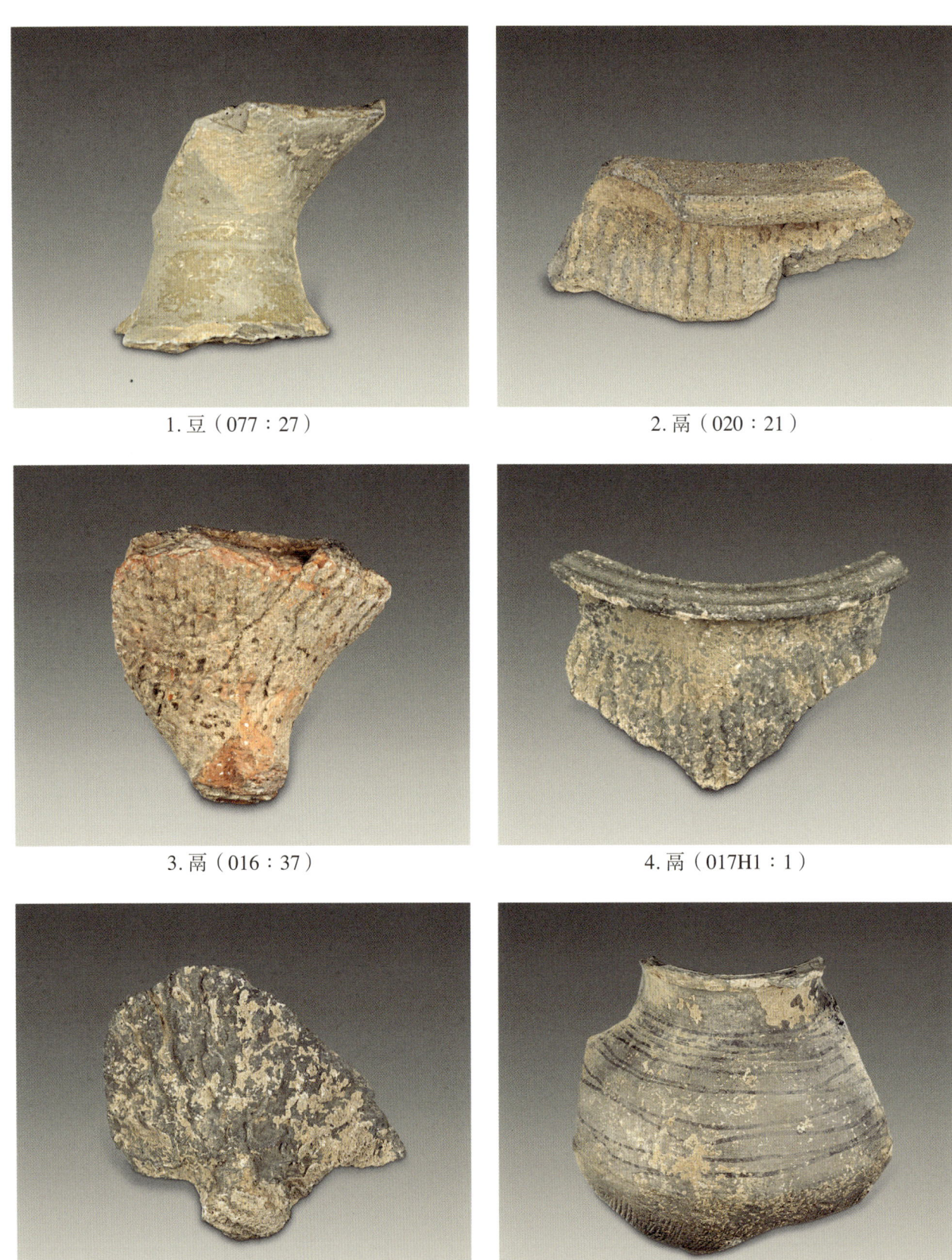

1. 豆（077∶27）
2. 鬲（020∶21）
3. 鬲（016∶37）
4. 鬲（017H1∶1）
5. 鬲（017H1∶2）
6. 罐（017H1∶4）

春秋时期陶器

图版四三三

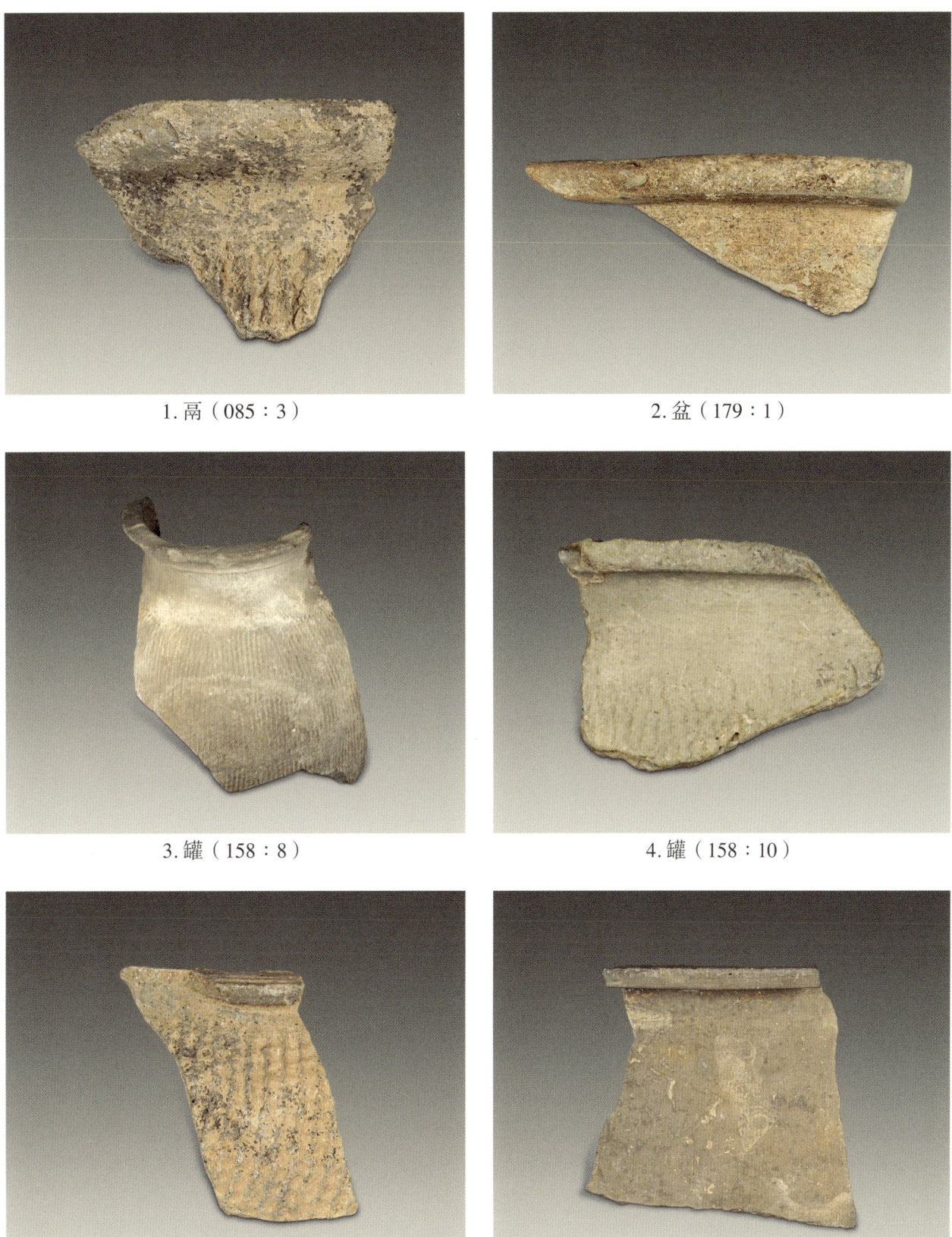

1. 鬲（085∶3）
2. 盆（179∶1）
3. 罐（158∶8）
4. 罐（158∶10）
5. 鬲（175H1∶1）
6. 盆（175H1∶2）

春秋时期陶器

**图版四三四**

1. 盆（175H1∶3）

2. 盆（173∶8）

3. 鬲（164∶27）

4. 罐（164∶29）

5. 罐（164∶31）

6. 罐（164∶32）

春秋时期陶器

图版四三五

1. 盆（164∶33）

2. 缸（164∶34）

3. 鬲（190∶4）

4. 豆（190∶5）

5. 罐（190∶6）

6. 罐（190∶7）

春秋时期陶器

图版四三六

1. 盆（190∶8）
2. 鬲（188∶7）
3. 鬲（188∶8）
4. 盆（188∶9）
5. 盆（188∶10）
6. 鬲（184∶21）

春秋时期陶器

图版四三七

1. 鬲（184∶22）

2. 瓮（182∶5）

3. 盆（182∶6）

4. 罐（137∶9）

5. 豆（137∶11）

6. 罐（153∶4）

春秋时期陶器

图版四三八

1. 罐（153∶4）
2. 盆（153∶5）
3. 盆（144∶6）
4. 盆（145∶15）
5. 盆（145∶16）
6. 盆（145∶19）

春秋时期陶器

图版四三九

1. 盆（145：20）

2. 鬲（147：15）

3. 鬲（147：16）

4. 鬲（147：19）

5. 鬲（147：20）

6. 鬲（147：21）

春秋时期陶器

**图版四四〇**

1. 鬲（147:22）

2. 罐（147:25）

3. 罐（147:26）

4. 罐（147:27）

5. 罐（147:28）

6. 罐（147:29）

春秋时期陶器

图版四四一

1. 罐（147∶38）
2. 豆（207∶6）
3. 豆（207∶7）
4. 罐（210∶1）
5. 盆（143∶5）
6. 罐（217∶34）

春秋时期陶器

**图版四四二**

1. 盆（036∶5）　　2. 盆（036∶7）
3. 盆（036∶8）　　4. 盆（036∶9）
5. 盆（036∶10）　　6. 瓮（036∶12）

战国时期陶器

图版四四三

1. 豆（036∶13）

2. 豆（036∶15）

3. 板瓦（036∶18）

4. 壶（034∶7）

5. 罐（046∶8）

6. 盆（046∶10）

战国时期陶器

图版四四四

1. 鬲（048∶1）
2. 盆（002∶8）
3. 盆（002∶10）
4. 盆（002∶11）
5. 壶（002∶12）
6. 壶（002∶13）

战国时期陶器

图版四四五

1. 盆（002∶14）

2. 盆（009∶3）

3. 盆（009∶4）

4. 盆（010∶8）

5. 盆（010∶9）

6. 盆（076∶27）

战国时期陶器

图版四四六

1. 盆（076∶31）
2. 盆（076∶31）
3. 壶（076∶33）
4. 盆（076∶34）
5. 盆（076∶35）
6. 盆（077∶15）

战国时期陶器

图版四四七

1. 盆（077：17）

2. 罐（077：20）

3. 罐（077：21）

4. 鬲（077：25）

5. 鬲（077：26）

6. 豆（077：28）

战国时期陶器

图版四四八

1. 盆（077：29）

2. 鬲（077：30）

3. 鬲（077：31）

4. 鼎（020：18）

5. 瓮（020：26）

6. 盆（020：27）

战国时期陶器

1. 罐（019：20）

2. 罐（019：21）

3. 瓮（018：1）

4. 瓮（018：2）

5. 盆（022：8）

6. 盆（022：11）

战国时期陶器

**图版四五〇**

1. 盆（022：14）

2. 盆（022：15）

3. 鬲（085：4）

4. 鬲（085：5）

5. 盆（085：9）

6. 盆（085：10）

战国时期陶器

1. 罐（162∶2）

2. 鬲（158∶9）

3. 盆（157H1∶1）

4. 盆（157H1∶2）

5. 鬲（157H1∶3）

6. 鬲（157H1∶4）

战国时期陶器

图版四五二

1. 鬲（157H1:5）　　2. 鬲（157H1:6）

3. 罐（157H1:7）　　4. 盆（173:4）

5. 盆（173:5）　　6. 罐（173:6）

战国时期陶器

图版四五三

1. 鬲（173∶9）

2. 盆（165∶9）

3. 鬲（164∶35）

4. 鬲（164∶36）

5. 盆（191∶1）

6. 鬲（188∶12）

战国时期陶器

图版四五四

1. 盆（188：13）　　2. 鬲（188：14）
3. 豆（188：15）　　4. 豆（188：16）
5. 盆（186：1）　　6. 盆（183：22）

战国时期陶器

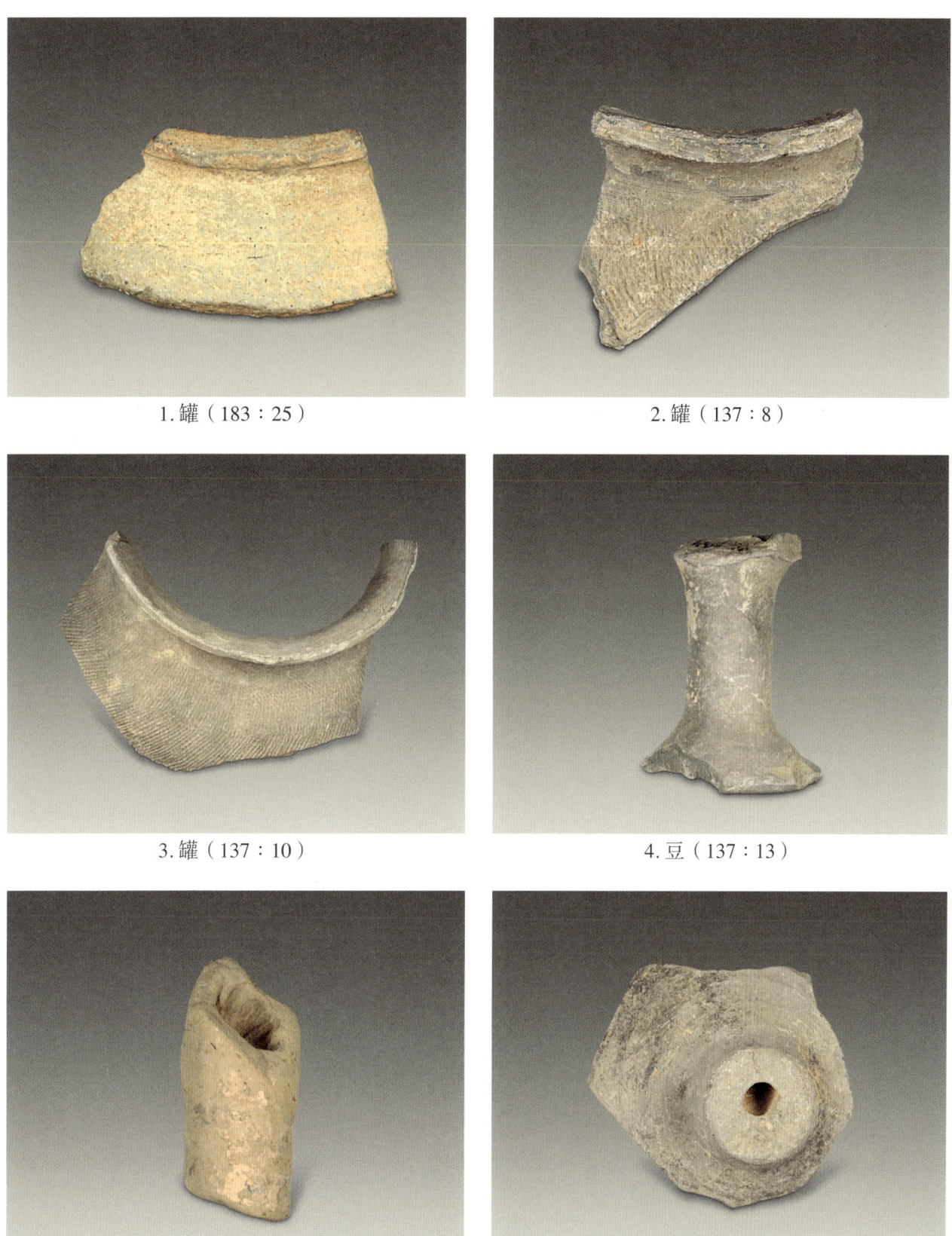

1. 罐（183：25） 2. 罐（137：8）

3. 罐（137：10） 4. 豆（137：13）

5. 豆（137：14） 6. 豆（137：15）

战国时期陶器

图版四五六

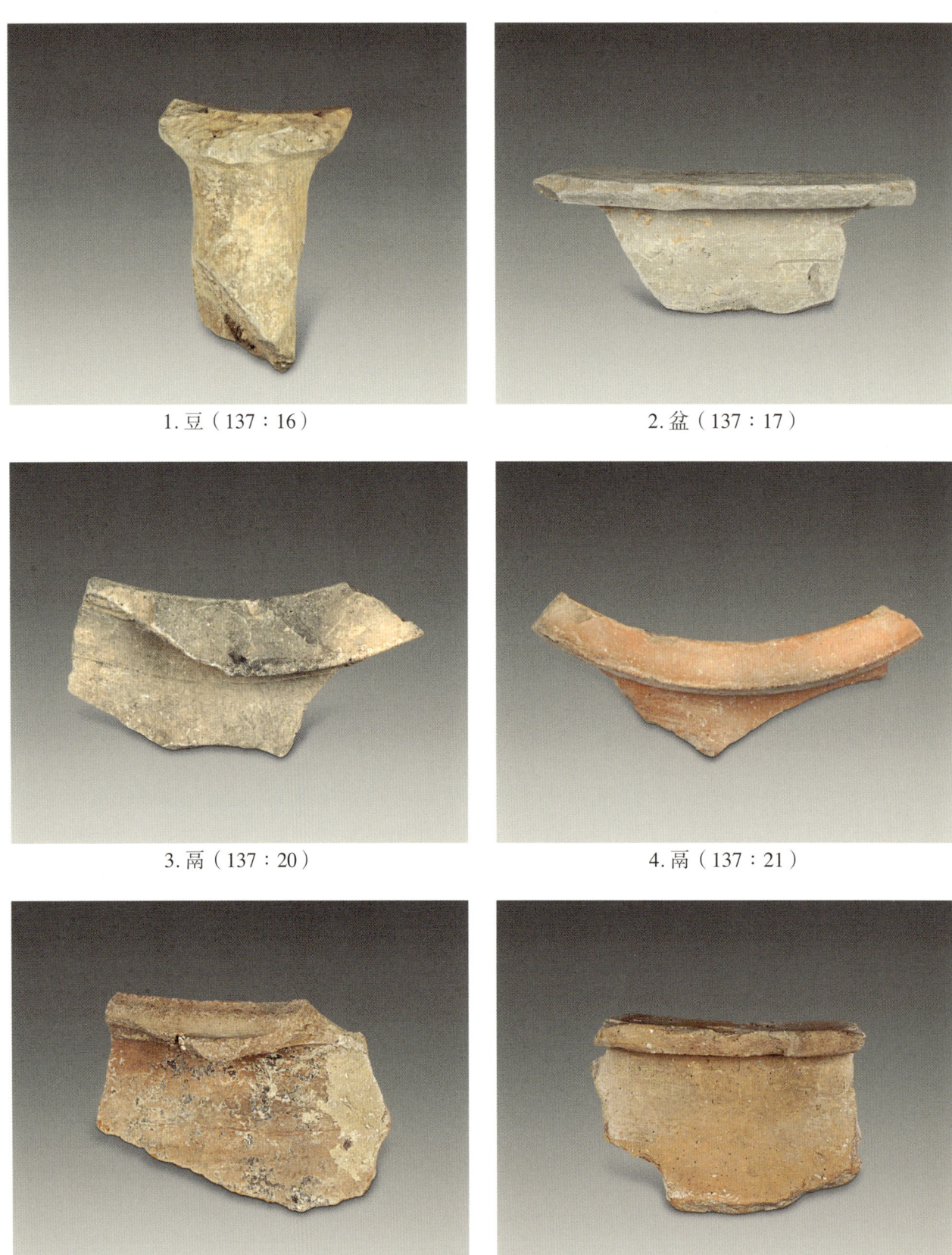

1. 豆（137∶16）
2. 盆（137∶17）
3. 鬲（137∶20）
4. 鬲（137∶21）
5. 鬲（137∶22）
6. 罐（152∶36）

战国时期陶器

图版四五七

1. 罐（144∶4）
2. 鬲（145∶21）
3. 鬲（145∶22）
4. 鬲（145∶23）
5. 盆（147∶23）
6. 盆（147∶24）

战国时期陶器

图版四五八

1. 盆（147：41）
2. 盆（147：42）
3. 盆（147：43）
4. 盆（147：44）
5. 罐（147：45）
6. 罐（147：46）

战国时期陶器

图版四五九

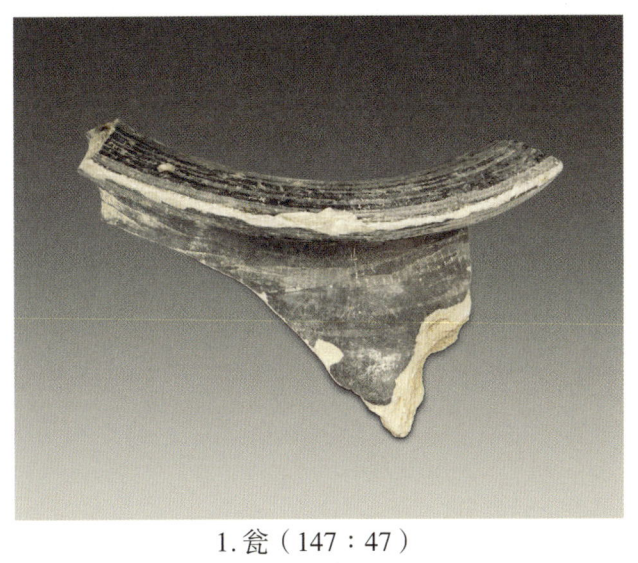
1. 瓮（147∶47）

2. 瓮（147∶48）

3. 瓮（147∶49）

4. 盆（207∶5）

5. 盆（208H2∶1）

6. 豆（210∶4）

战国时期陶器

图版四六〇

1. 豆（210∶5）  2. 鬲（134∶36）
3. 盆（213∶13）  4. 鬲（198∶14）
5. 碗（115∶2）  6. 盆（111∶4）

战国时期陶器

1. 罐（111∶5）

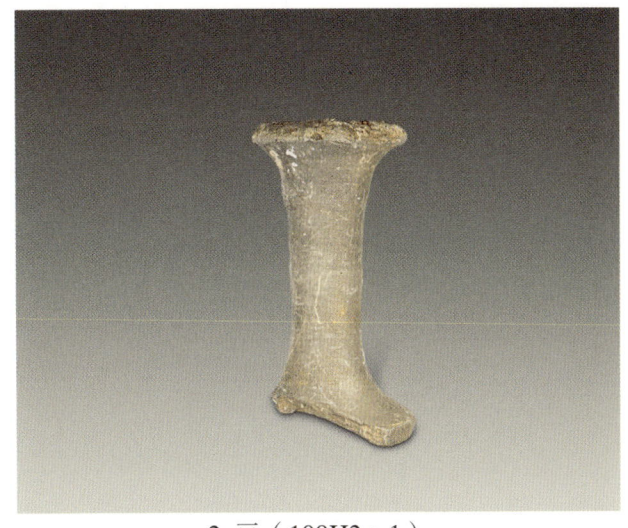

2. 豆（109H2∶1）

3. 罐（109H2∶4）

4. 平底盆（109H2∶6）

5. 盆（109∶8）

6. 盆（100∶9）

战国时期陶器

图版四六二

1. 小盆（007∶9）

2. 罐（040∶1）

3. 圆陶片（040∶3）

4. 板瓦（077∶32）

5. 穿孔陶片（077∶33）

6. 纺轮（080∶1）

东周时期陶器

图版四六三

1. 盆（016∶43）

2. 纺轮（158∶11）

3. 盆（137∶12）

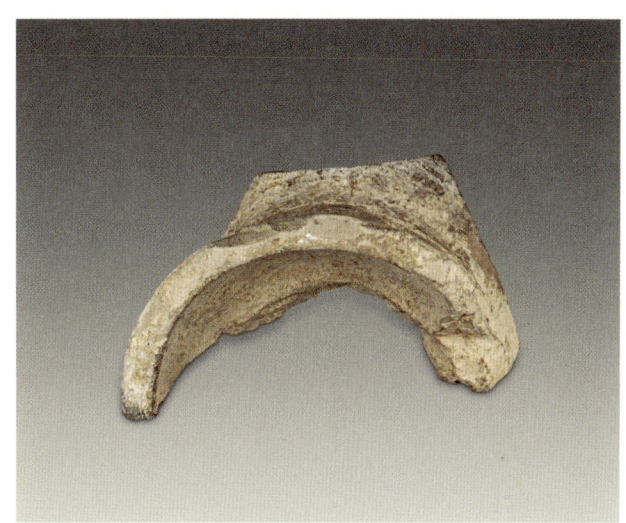

4. 圈足（217∶38）

5. 壶（217∶39）

6. 盆（217∶52）

东周时期陶器

图版四六四

1. 盆（217∶53）

2. 盆（217∶54）

3. 簋（217∶56）

4. 鬲（111∶3）

5. 豆（Y110∶29）

6. 甑（Y051∶1）

东周时期陶器

图版四六五

1. 盆（022:13）

2. 盆（022:16）

3. 盆（184:19）

4. 壶（184:20）

5. 盆（183:21）

6. 盆（183:23）

汉代陶器